21世纪交通版高职高专汽车专业教材

Qiche Yunxing Cailiao
汽车运行材料

（第二版）

崔选盟 主 编

人民交通出版社股份有限公司
China Communications Press Co.,Ltd.

内 容 提 要

本书是高职高专汽车专业教材,主要内容包括石油的基本知识、车用汽油、车用柴油、汽车代用燃料、发动机润滑油、齿轮润滑油、汽车润滑脂、自动变速器油、汽车传动油、发动机冷却液、汽车空调制冷剂、汽车风窗玻璃洗涤液、汽车摩擦材料、汽车轮胎,共14章,对各种运行材料的功用、性能、类型、规格、型号、选择、使用和更换等进行了详细阐述。

本书为高职高专院校汽车检测与维修专业的教学用书,也可作为各类汽车运用与维修人员职业培训用书,还适合汽车行业相关管理、销售和维修人员查阅。

图书在版编目(CIP)数据

汽车运行材料/崔选盟主编. —2版. —北京:
人民交通出版社股份有限公司,2017.9
ISBN 978-7-114-14077-8

Ⅰ.①汽… Ⅱ.①崔… Ⅲ.①汽车—运行材料—高等职业教育—教材 Ⅳ.①U473

中国版本图书馆 CIP 数据核字(2017)第 192155 号

书 名:	汽车运行材料(第二版)
著 作 者:	崔选盟
责任编辑:	时 旭
出版发行:	人民交通出版社股份有限公司
地 址:	(100011)北京市朝阳区安定门外外馆斜街3号
网 址:	http://www.ccpcl.com.cn
销售电话:	(010)59757973
总 经 销:	人民交通出版社股份有限公司发行部
经 销:	各地新华书店
印 刷:	北京市密东印刷有限公司
开 本:	787×1092 1/16
印 张:	9.75
字 数:	225 千
版 次:	2007 年 3 月 第 1 版 2017 年 9 月 第 2 版
印 次:	2022 年 7 月 第 2 版 第 4 次印刷 总第 10 次印刷
书 号:	ISBN 978-7-114-14077-8
定 价:	23.00 元

(有印刷、装订质量问题的图书由本公司负责调换)

第二版前言

本书自 2007 年 3 月首次出版以来，被全国多所高职高专院校选为教学用书，重印数次，深受广大师生的好评。近年来汽车技术的发展突飞猛进，汽车保有量持续增长，环境保护问题越来越受到重视，有关汽车材料的国家标准随之不断更新。人民交通出版社股份有限公司与作者根据广大用书院校的要求，充分吸收常年使用本教材的师生提出的宝贵意见，对此书进行了全新的修订。

本次修订的教材主要有以下特色：

（1）所有技术指标全部采用最新国家或行业标准，有些指标甚至给出了未来将要实行的标准。如在第二章介绍了将于 2019 年 1 月 1 日以后才实行的《车用汽油》（GB 17930—2016）VIA、VIB 技术要求和试验方法。

（2）及时吸收了行业的最新技术。如当我国于 2017 年 5 月 18 日在南海试采可燃冰成功后，即在第四章中增加了可燃冰的相关内容。

（3）对第一版的内容编排进行了重新整合，增加了汽车风窗玻璃洗涤液和汽车摩擦材料两章内容。

（4）结合当前新形势下汽车维修行业现状及特点，对第一版教材结构进行了较大的改动。取消了第一版中对结构的讲述内容，增加了各种运行材料的选择、使用注意事项及更换方法，使本教材更具操作性和实用性。

（5）随着汽车运行材料越来越专业化、商品化以及汽车售后服务体系的不断完善，各种汽车运行材料的更换及使用也越来越简单，因此在本次修订时，取消了原教材中的一些理论讲述内容，增加了更为实用的合理使用方法等内容。

本书紧密结合当前汽车维修行业实际，全面、系统地对汽车燃润油、汽车传动油、汽车用各种液体、汽车轮胎、汽车摩擦材料的作用、使用性能、类型及优缺点、规格型号、选择使用和更换方法等进行了详细阐述，内容详略得当，深入浅出，通俗易懂，实操性强，学而能用。

本书由陕西交通职业技术学院崔选盟主编。在编写过程中，编者参考了大量国家、行业相关标准及有关技术文献资料，特向这些标准、文献、书籍的作者致以诚挚的感谢！

限于编者水平，加之汽车技术发展日新月异，书中难免有不妥之处，敬请读者朋友批评指正。

编者

2017 年 6 月

目录 CONTENTS

第一章　石油的基本知识 ... 1
- 第一节　石油的组成 ... 1
- 第二节　石油产品的分类 ... 3
- 第三节　石油的炼制 ... 4
- 复习思考题 ... 9

第二章　车用汽油 ... 10
- 第一节　汽油的使用性能 ... 10
- 第二节　汽油的编号及选用 ... 18
- 复习思考题 ... 22

第三章　车用柴油 ... 23
- 第一节　柴油的使用性能 ... 23
- 第二节　柴油的牌号及选用 ... 28
- 复习思考题 ... 31

第四章　汽车代用燃料 ... 32
- 第一节　天然气 ... 32
- 第二节　液化石油气 ... 33
- 第三节　醇类燃料 ... 34
- 第四节　生物柴油 ... 36
- 第五节　氢气 ... 37
- 第六节　电能 ... 38
- 第七节　可燃冰 ... 39
- 第八节　核能 ... 40
- 复习思考题 ... 41

第五章　发动机润滑油 ... 42
- 第一节　摩擦、磨损和润滑 ... 42
- 第二节　发动机润滑油的主要作用和润滑方式 ... 44
- 第三节　发动机润滑油的使用性能 ... 46
- 第四节　发动机润滑油添加剂 ... 47
- 第五节　发动机润滑油的分类与规格 ... 48

    第六节　发动机润滑油的选择、使用与更换 ……………………… 53
    复习思考题 ……………………………………………………………… 56

第六章　齿轮润滑油

    第一节　齿轮润滑油的使用性能 ……………………………………… 57
    第二节　齿轮润滑油的分类与规格 …………………………………… 59
    第三节　汽车齿轮润滑油的选择 ……………………………………… 61
    第四节　汽车齿轮润滑油的更换 ……………………………………… 63
    复习思考题 ……………………………………………………………… 64

第七章　汽车润滑脂

    第一节　汽车润滑脂的使用性能与特点 ……………………………… 65
    第二节　汽车润滑脂的组成与分类 …………………………………… 67
    第三节　润滑脂的选择与使用 ………………………………………… 71
    复习思考题 ……………………………………………………………… 74

第八章　自动变速器油

    第一节　自动变速器油的使用性能 …………………………………… 75
    第二节　自动变速器油的组成 ………………………………………… 76
    第三节　自动变速器油的规格 ………………………………………… 77
    第四节　自动变速器油的选择与使用 ………………………………… 79
    复习思考题 ……………………………………………………………… 82

第九章　汽车传动油

    第一节　汽车制动液 …………………………………………………… 83
    第二节　动力转向油 …………………………………………………… 89
    第三节　减振器油 ……………………………………………………… 91
    复习思考题 ……………………………………………………………… 91

第十章　发动机冷却液

    第一节　发动机工作温度的影响 ……………………………………… 93
    第二节　汽车冷却液的作用 …………………………………………… 94
    第三节　汽车冷却液的主要性能与要求 ……………………………… 95
    第四节　冷却液的组成 ………………………………………………… 97
    第五节　冷却液的种类、标准与规格 ………………………………… 99
    第六节　冷却液的选择、使用与更换 ………………………………… 102
    复习思考题 ……………………………………………………………… 104

第十一章　汽车空调制冷剂

    第一节　对制冷剂的要求及制冷剂的分类 …………………………… 106
    第二节　制冷剂 R134a ………………………………………………… 107
    第三节　碳氢制冷剂 …………………………………………………… 108

第四节　汽车空调系统维护作业 ·· 109
　　复习思考题 ·· 114
第十二章　汽车风窗玻璃洗涤液 ·· 115
　　第一节　汽车风窗玻璃洗涤液的作用与性能要求 ································ 115
　　第二节　汽车风窗玻璃洗涤液的组成及技术指标 ································ 116
　　第三节　汽车风窗玻璃洗涤液的分类及合理使用 ································ 119
　　复习思考题 ·· 120
第十三章　汽车摩擦材料 ·· 121
　　第一节　汽车摩擦材料的发展历史 ··· 121
　　第二节　汽车摩擦材料的组成 ··· 122
　　第三节　对汽车摩擦材料的技术要求 ·· 125
　　第四节　汽车制动片的检查 ·· 126
　　第五节　汽车制动片的更换 ·· 127
　　复习思考题 ·· 129
第十四章　汽车轮胎 ·· 130
　　第一节　汽车轮胎的作用和构造 ·· 130
　　第二节　汽车轮胎的类型 ··· 132
　　第三节　轮胎规格与表示方法 ··· 135
　　第四节　轮胎选择、使用与换位 ·· 139
　　复习思考题 ·· 146
参考文献 ·· 147

第一章　石油的基本知识

迄今为止,石油的形成原因众说纷纭,但得到普遍公认的是有机成因说:古代一些被埋于地底的生物,与矿物质一起沉积埋藏于地下,形成沉积岩;随着长期稳定的地壳下沉运动,使得下沉千米至万米的沉积岩温度和压力不断增加,在缺氧、高温和高压的条件下,经过复杂的化学变化逐渐形成了生油岩;这些生油岩再经过非常漫长的地质运动和复杂的化学反应,最后形成了天然原油,即石油。

直至目前,石油在发动机燃料和化工原料方面依然占据着主要地位。石油和天然气不仅可为我们提供燃料和润滑剂,而且还为我们提供各种物美价廉的化工原料及产品,极大地丰富了人们的生活。

近年来,随着我国国民经济的快速发展,石油的战略地位日益突出。

第一节　石油的组成

天然原油是一种黏稠的流动或半流动液体,其颜色通常是淡黄色、红棕色甚至是黑色。石油的密度一般比水轻,为 $0.8 \sim 0.98 \text{ g/cm}^3$。

石油的化学成分比较复杂,它既不是由单一的元素组成,也不是由简单的化合物组成,它是各种碳氢化合物的混合物。

按元素分析,石油中的主要组成元素是碳(C)和氢(H),这两者在石油中占95%~99.5%。其中碳元素占83%~87%,氢元素占11%~14%。石油中的次要元素为硫、氮、氧,含量总共为0.5%~5%。此外,在石油中还有极少量的氯、碘、磷、砷、钠、钾、钙、铁、铜、镁、铝、钒等元素,它们的含量随原油产地不同有所区别,但含量都非常低,常用 mg/kg 和 μg/kg 表示。虽然含量少,但这些微量元素在油品的生产和使用过程中影响却是很大的,如在生产环节用于提高汽油辛烷值的催化重整和使用环节汽车的氧传感器中都用贵重金属铂做催化剂,它的价格比黄金还贵,但石油中砷的含量如果大于 1μg/kg,就会使铂失去催化活性,并且很难再恢复使用。

按化合物分析,石油的组成主要可分为烃类和非烃类两大类。

所谓烃类,是指只含有碳、氢两种元素的有机化合物。烃类最大的特点是具有可燃性,可以作为燃料使用,是利用石油资源时主要的化合物。石油中的烃类主要有烷烃、环烷烃、芳香烃和不饱和烃,当进行后续加工时还会出现烯烃。

所谓非烃类,是指除含有碳、氢外还含有一种或一种以上其他元素的化合物。非烃类主要有含硫化合物、含氮化合物、含氧化合物以及同时含多个其他元素的、分子量较大的胶质和沥青质。

一、烷烃

烷烃是链状的饱和烃,其分子通式为 C_nH_{2n+2},n 为碳原子数。烷烃分子中碳原子的化合价都得到满足的,称为饱和烃,饱和烃的化学性质比不饱和烃稳定。碳原子数在 10 以内的,以甲、乙、丙、丁、戊、己、庚、辛、壬、癸命名,例如:甲烷、正辛烷;碳原子数在 10 以上的,用中文数字十一、十二、十三……命名。

烷烃按其结构又可分为正构烷烃和异构烷烃两类。凡是烷烃分子中的主碳链上没有碳支链结构的称正构烷烃,而有碳支链结构的称为异构烷烃。异构烷烃按其碳原子数命名为"异×烷",例如异辛烷(分子式为 C_8H_{18})。

正构烷烃的碳链较长,结构较不稳定,易生成过氧化物及醇、醛等氧化物,因此其发火性能好,是压燃式发动机燃料的理想成分(即柴油)。异构烷烃结构紧密,不易被氧化,其发火性能差,不易发生爆炸,因此在燃烧时不易发生爆燃,是点燃式发动机燃料的理想成分(即汽油)。

在常温下,烷烃中碳原子数从 1~4(即从甲烷到丁烷)的是气体,气态烷烃是天然气的主要成分;碳原子数从 5~16 的是液体,液态烷烃是液体石油产品,是汽油、煤油、柴油、润滑油的主要组成部分;碳原子数在 16 以上的是固体,固态烷烃是石蜡、地蜡的主要组成部分,它在燃油中以溶液状态存在。

二、环烷烃

环烷烃分子结构式中的碳原子呈环状排列,因而它是一种环状饱和烃,分子通式是 C_nH_{2n}。环烷烃的化学性质比较稳定,不易氧化变质,一般须在 400℃ 以上时才能自燃,其抗爆性比正构烷烃高,与大部分异构烷烃的抗爆性能相当。环烷烃的凝点低,润滑性较好,是汽油和润滑油的理想成分。

在常温下,碳原子数在 4 以下的环烷烃呈气态,碳原子数在 4 以上的环烷烃呈液态。环烷烃是组成润滑油的主体烃。

三、芳香烃

芳香烃最简单的分子结构是苯(C_6H_6),由 6 个碳原子和 6 个氢原子组成环状,其中碳原子之间以单键与双键交替连接。

芳香烃是以苯环为基础组成的化合物,有单苯环、双苯环、三苯环、四苯环的芳香烃,也有带侧链的芳香烃,还有由环烷烃和芳香烃混合组成的芳香烃等,如甲苯、烷基苯、萘、联苯及蒽等。

芳香烃的辛烷值最高,抗爆性最强,是汽油抗爆性的主要成分。但芳香烃的发热量低(含氢原子少),凝点较高,对人体有一定的毒性,不易完全燃烧,易产生积炭,排气污染增加。因此车用汽油中对芳香烃的掺入量限制越来越严格,逐渐使用其他添加剂取代芳香烃。

四、烯烃

烯烃又称不饱和烃,与相同碳原子数的烷烃相比,氢原子数量少,不能满足碳的四价需要,所以分子中碳与碳原子之间有双键链接,为不饱和烃。有一个双键的称为烯烃,有两个双键的称为二烯烃。石油中一般不含烯烃,它是在裂化加工过程中,由一些烷烃、环烷烃分解而生成的,可通过精制石油产品把它们除去。

烯烃的分子通式是 C_nH_{2n},二烯烃的分子通式是 C_nH_{2n-2}。烯烃、二烯烃由于氢原子不能满足碳原子的四价需要,则其安定性最差,在一定条件下很容易氧化生成高分子黏稠物,特别容易进行加成反应、氧化反应和聚合反应。所以含烯烃较多的汽油或柴油,在长期储存中容易氧化变质。烯烃在工业上被广泛用来生产合成润滑油、合成橡胶、航空燃料和润滑油添加剂。

不饱和烃对于大多数石油产品都不是理想成分,因为它在氧化时,会形成胶质和有机酸。

五、非烃化合物

石油中还含有一些非烃化合物,它们对石油产品的使用性能和石油的加工都有很大的影响。在石油的炼制过程中,多数精制过程都是为了将非烃化合物转化。非烃化合物主要包括含硫化合物、含氧化合物、含氮化合物、胶状物质和沥青状物质。

石油中的非烃化合物,主要是胶质和沥青质,胶质、沥青质是石油中结构最复杂、分子量最大的物质,组成中除含有碳、氢外,还含有硫、氧、氮等元素。胶质是树脂状的黏稠物质,呈深黄色至棕色;沥青质是非晶态粉末,呈深褐色或黑色。石油中胶质、沥青质的含量越高,石油的颜色就越深。石油中的沥青质全部集中在渣油中,从渣油中制取高黏度润滑油后,最后剩下的部分,经氧化制成道路、建筑和电器绝缘用沥青。

石油是混合物,没有固定的沸点,采用蒸馏法制取油品时,各种油品是不同沸点的产物。蒸馏时在不同温度段分离出来的各种成分,称为馏分。一般情况下,蒸发温度为 35~200℃ 的馏分为汽油,蒸发温度为 200~350℃ 的馏分为煤油、柴油,蒸发温度为 350~500℃ 的馏分为润滑油。

第二节　石油产品的分类

石油必须经过加工得到石油产品后才能使用。所谓石油产品,是指从石油中直接生产出来的产品,并不包括以石油为原料合成的各种石油化工产品。随着科学技术的不断进步,人们开发的石油产品已有上千种之多。我国的石油产品分为燃料、润滑剂、石油化工原料(含溶剂)、石油沥青、石油蜡和石油焦。

燃料是最主要的石油产品,主要包括汽油、煤油(航空、灯用)、柴油等发动机燃料和重质燃料油。我国石油产品中燃料约占 80%,在燃料中,各种发动机燃料占 60%,剩下的基本为重质燃料油,主要用于锅炉用燃料和船舰用燃料。

润滑剂包括润滑油和润滑脂,润滑剂产品仅占石油产品的2%~5%,但却是机械行业必不可少的,且由于润滑特点的不同而品种繁多,目前已达到数百种。

石油化工原料主要包括制取乙烯的原料和生产芳香烃的原料,主要为石油化学工业提供三大合成的原料,即塑料、合成纤维及合成橡胶。

石油沥青产量约占石油产品的3%,主要应用于铺设道路、建筑防水等方面。石油蜡约占石油产品的1%,主要应用于轻工、化工和食品等行业。石油焦约占石油产品的2%,可用于炼铝及炼钢(有一种说法认为此即我国近年雾霾的主要元凶),也可以再加工生产石墨电极、电石、碳化硅制品。

原油只有通过加工才能够变成有用的各类产品,炼油厂将原油通过三次加工才能变成石油产品。原油的一次加工是指原油进入炼油厂后进行的物理加工过程,又称石油蒸馏,目的主要是将原油中所含的可以直接作为石油产品的部分从原油中分离出来。二次加工是指后续的多次加工,是为了提高原油的有效利用率而采取的化学加工方法的总称,目的就是通过化学反应使剩余的石油原料尽可能按照人们的要求加工成经济效益好的石油产品。三次加工就是指油品调和,是将前面加工成的半成品油对照石油产品的质量标准进行最后加工的过程,主要目的是将各种半成品油加工成全面符合某一种石油产品质量标准的成品油。

蒸馏是一种分离不同化合物的方法,其基本原理是利用混合物中各个化合物的沸点差异,使其多次汽化和冷凝。在每一次的汽化过程中,汽相中都会含有更多的沸点低的化合物;而在每次冷凝过程中,液相中会有更多沸点高的化合物。经过多次汽化和冷凝就可将沸点低的化合物和沸点高的化合物分开。

油品的质量标准由于牵涉到许多方面,因此,虽然在炼油厂的许多生产装置上都能生产出质量不同的汽油和柴油馏分,但这些馏分油通常难以全面符合产品质量标准要求,不能作为合格的产品出厂,这些产品我们称为半成品。将半成品油通过精制、调和,并根据需要加入不同添加剂这三种方法,才能得到全面合格的、可作为商品的成品油。

精制就是除去半成品油中的某些非理想组分和杂质的过程,使油品符合产品质量指标的要求。石油燃料油品的精制方法很多,目的也各不相同,一般如通过精制除去汽油和柴油中的硫化物、柴油脱除石油蜡、焦化汽油脱除烯烃等。

油品调和就是合理地使用不同质量的半成品油,通过相互混合,使油品最大限度地、全面地达到产品质量的要求,在保证产品质量稳定性的前提下,尽量提高成品油中优质品所占的比例,提高经济效益。调和可以分为两类,一是将各种半成品油按一定比例调和成基础油和合格的成品油;二是将基础油与添加剂进行调和。

所谓油品添加剂,就是只需在油品中微量添加,就可以有效改善油品性质的物质。使用添加剂可显著地提高油品的质量,并降低成本,有时还可以起到依靠改进工艺难以达到的作用,因此已成为提高油品质量的主要手段之一。

第三节 石油的炼制

原油是复杂的混合物,不可能直接使用,需将其送到炼油厂进行加工,生产出符合一定质量要求的石油产品,才能进行使用。炼油厂分为燃料油、燃料—润滑油和燃料—化工 3 种类型。燃料型炼油厂,是将原油进行蒸馏,依次分离出汽油、煤油、普通柴油、重柴油和润滑油等各种沸点不同的馏分。燃料—润滑油型炼油厂,是通过蒸馏先将原油中轻质油品分出,余下的重质油品再经过各种润滑油生产工艺,加工出润滑油。燃料—化工型炼油厂,是将原油首先蒸馏出轻质组分,再通过对余下的重质组分进行二次加工,使其转化为轻质组分,这些轻质组分一部分用作燃料油,一部分通过催化重整工艺、裂化工艺制取芳香烃和乙烯等化工原料,最终通过化工装置进一步制成化工产品。

一、蒸馏法

石油是由各种化合物组成的十分复杂的混合物,不能直接使用,需经过炼制才能生产出符合人们需要的产品。在石油的各种组成中,每一种化合物本身都有固有的沸点,利用这一点将石油逐渐加热,较低温度范围下的石油馏分称为轻馏分,较高温度范围下的石油馏分称为重馏分,这种利用石油中不同化合物具有不同沸点的性质,对石油进行一次加热,将一定沸点范围的馏分分别收集,从而获得各种燃料和润滑油的加工方法,称为蒸馏法,如图 1-1 所示。蒸馏法分为常压蒸馏和减压蒸馏两种。

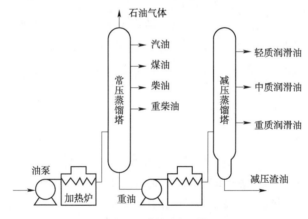

图 1-1 蒸馏法流程图

1. 常压蒸馏

常压蒸馏是根据石油中各类烃分子的沸点不同,利用加热、蒸发、冷凝等步骤对石油进行的直接分馏。常压蒸馏一般可从石油中得到蒸发温度范围为 35~200℃的汽油馏分,蒸发温度范围为 200~300℃的煤油馏分,蒸发温度范围为 300~350℃的柴油馏分。常压蒸馏流程如图 1-2 所示。先将石油用油泵打入加热炉中,加热到 350~360℃,使之变成油蒸气,然后送入分馏塔中。馏分越轻,沸点就越低,蒸发性就越好,越能上升到塔的上层;相反,重馏分的沸点高,蒸发性差,只能留在塔的下层。从上到下,获得的馏分依次是:顶部的石油气体,上部的汽油馏分,中部的煤油馏分,下部的轻、重柴油馏

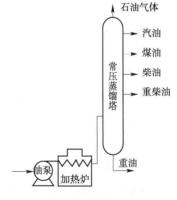

图 1-2 常压蒸馏流程图

分,底部的重油馏分。塔顶上获得的石油气体,是良好的化工原料。塔底部残留的不能蒸发的重油馏分,由塔底部流出后再进入减压蒸馏系统进行加工。

常压蒸馏的石油产品,主要由烷烃和环烷烃组成,由于常压蒸馏过程所发生的是物理变化,所以产品中一般没有不饱和烃,产品性质稳定,不易氧化变质,但抗爆性较差。

2. 减压蒸馏

减压蒸馏是以重油为原料,利用物质的沸点随施加压力的减小而降低的特点,通过降低蒸馏压力以降低石油中烃分子的沸点,从而将重油分为不同黏度的润滑油馏分,这样就可以达到从重油中分离出各种不同润滑油馏分,而又不致加热温度过高引起重油分子发生裂解的目的。减压蒸馏流程如图1-3所示。将重油加热至400℃以上,送入减压蒸馏塔中,塔内保持133Pa的压力,使重油蒸发成气体,然后进行冷凝,则在减压塔上下不同高度得到不同馏分,从上到下依次分别获得轻质润滑油馏分、中质润滑油馏分和重质润滑油馏分。塔底残留的减压渣油,还可经丙烷脱沥青、脱蜡和精制后可制成各种渣油型润滑油。

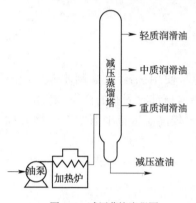

图1-3 减压蒸馏流程图

利用直馏法获得的汽油、柴油生产率较低,一般在25%~30%,远不能满足日益增长的燃料需求。因此,近代炼制工艺是采用各种二次加工,以获得更多更好的油品。二次加工法有热裂化、催化裂化、加氢裂化、催化重整、烷基化和延迟焦化等方法。

二、热裂化法

热裂化法是利用重质烃类在高温、高压下可发生裂解的性质,将一些大分子烃类分裂成为一些小分子烃类,从而获得更多的汽油、柴油等石油产品的一种加工方法。温度和压力视重油的组成而定,一般裂化温度高于460℃,最高压力为7.0MPa。热裂化产品有裂化气、汽油、柴油、渣油等。汽油的生产率为30%~50%,柴油生产率约为30%。由于裂化的汽油和柴油中,含有较多的烯烃和芳香烃,汽油抗爆性较直馏汽油强,柴油的十六烷值和凝点较直馏柴油低,性质不安定,储存易氧化变质,所以一般不宜单独使用,主要用来掺低辛烷值的车用汽油和高凝点的柴油。因此热裂化法在国外已被淘汰。

三、催化裂化法

催化裂化法与热裂化法的区别是,重质烃类的裂解是在催化剂的作用下进行的。催化剂主要是硅酸铝或合成泡沸石等。由于有催化剂的作用,使大分子烃在较低的温度(通常为450~590℃)和在常压或较低压力(压力为0.1~0.2MPa)条件下就能裂化成小分子烃,并改变分子结构,发生异构化、芳构化和氢转移反应,使油品中不饱和烃大大减少,异构烷烃、芳香烃增多。因此,催化裂化汽油性质安定,辛烷值高(可达80),故用作航空汽油和高级车辆用汽油的基本组成成分。催化裂化过程还产生大量丙烯、丁烯、异丁烷等裂化气体,它们是宝贵的化工原料。催化裂化还能提供大量液化石油气以供民用。催化裂化所产的柴油,含有大量的重质芳香烃,经提取后,不仅可改善柴油的燃烧性能,同时可得到大量制萘的原料。用催化裂化可制得43%左右的汽油、33%左右的柴油、7%左右的焦炭、14%左右的化工合成原料和一些裂化气体。由于催化裂化法炼制的石油产品质量好,同时能综合利用,所以是目前普遍采用的炼制方法之一。

四、加氢裂化法

加氢裂化法是20世纪60年代初期发展起来的新工艺。它与催化裂化的不同之处,是在高温(370~430℃)和高压(10~15MPa),并有催化剂和氢气(为原料质量的2.5%~4.0%)的作用下,对原料加氢、裂化和异构化,从而获得各种高质量油品的一种炼制方法。加氢反应可使不饱和烃变成饱和烃,生产的汽油抗爆性好,安定性高,腐蚀性小;生产的柴油发火性好,凝点也低;生产的润滑油黏温性能好。

加氢裂化的原料广泛,柴油、减压馏分甚至渣油以及含硫、含氮、含蜡很高的原料都可以用,而且产品的生产率接近100%。但这种方法是在高压下操作,条件苛刻,需要合金钢材较多,投资大,故没有催化裂化法那样应用普遍。

五、催化重整法

催化重整法是指对直馏汽油的馏分,在催化剂(铂、锗等贵金属)作用下,使其烃分子结构进行重新排列形成新的分子结构,从而获得高辛烷值和安定性好的汽油组分的工艺。

催化重整的汽油组分高辛烷值高达85,抗氧化安定性好。

六、烷基化法

在催化剂作用下,烷烃与烯烃的化学加成反应称为烷基化。烷基化的主要原料是催化裂化气体中的异丁烷和丁烯,其他如丙烯和戊烯也可作为原料,催化剂是浓硫酸或氢氟酸,我国目前采用的是浓硫酸。

烷基化加工流程是:将原料和硫酸同时送入反应器中,硫酸与原料之比约为1:1.8。反应器中的压力为0.3MPa,温度为4~10℃,原料在液态下进行加成反应。反应时应进行充分搅拌,以保证硫酸和烃类形成乳状液,使之充分接触,反应完全。反应过程中,硫酸浓度降至85%时,应另换新酸。反应后的产物用沉降法分离出硫酸,再经碱洗和水洗,然后送入蒸馏塔提取出轻烷基化油和重烷基化油。

烷基化主要产物是工业异辛烷(轻烷基化油),具有高抗爆性,可作为汽油的组分使用,国外高级汽油中,烷基化汽油加入量达28%。重烷基化油可作为普通柴油组分使用。

七、延迟焦化法

延迟焦化法是为了充分利用能源以得到更多的轻质油,对减压油等重质油品进行深度加工的一种方法。其产品主要是轻质燃料、裂化原料油和石油焦等。石油焦做冶金工业电极等用。

将减压渣油预热后送入焦炭塔下部,和焦化生成的气体产物进行热交换,在塔内高温作用下,停留足够时间进行反应。从焦炭塔顶部引出高温油气进入分馏塔底部,在分馏塔内分离出焦化气、汽油、柴油和焦化蜡油,余下的重质油再送回加热炉加热,并和原料油一起送入焦炭罐重新循环进行焦化。在高温500℃左右下,一方面使大分子的烃类裂化反应分解成为小分子烃类,直至成为气体,另一方面缩合成石油焦。为了防止原料在炉管内生焦,应设法缩短原料在高温炉管内的停留时间,而延迟到进入焦炭塔后再给予充分时间进行反应生成焦炭,故称为延迟焦化。

延迟焦化汽油生产率达10%~20%,柴油生产率达25%~35%,裂化原料油的生产率为25%~35%,油焦生产率为15%~20%。焦化石油产品含有大量的烯烃,安定性很差,必须进行精制。

八、石油产品的精制

原油经蒸馏和各种二次加工得到的燃料、润滑油产品大都是半成品,除含有少量杂质(如硫、氧、氮的化合物)外,还含有极不安定的不饱和烃(如二烯烃)。为了保证油品质量,须经精制除去这些不良成分,常用的精制方法如下。

1. 电化学精制

在高压电场作用下,对油品进行酸洗和碱洗,以除去产品油中的非理想成分。浓硫酸对非烃化合物有溶解作用,并可进行磺化反应,也可以与烯烃、二烯烃进行酯化和叠合反应,其产物大部分都溶于酸中,生成酸渣,经沉淀与油分离。但是,油经浓硫酸处理后会呈酸性,故要用碱中和,从而得到腐蚀性小、安定性好的油品。因此,电化学精制又称酸碱精制法。

2. 加氢精制

加氢精制与加氢裂化反应相似,是将油品在一定温度(300~425℃)、压力(6~15MPa)以及有催化剂和加氢的条件下,除去油中的硫、氮、氧、多环芳香烃和金属杂质等有害组分,并使不饱和烃变为饱和烃,以改善油品质量的一种方法。

直馏、热裂化所得的汽油、煤油、润滑油、重油等,均可用加氢精制,得到的产品质量好,生产率高(接近100%);但投资较大,技术条件较严格。加氢精制是近年来发展较快的一种精制方法。

3. 溶剂精制

溶剂精制是利用一些溶剂在一定的条件下,能很好地溶解油品中的胶质、沥青质和带有短侧链的多环烃等不良物质,而对烷烃和带长侧链的环烷烃很少溶解的性能,使油品得到精制。

常用的溶剂有糠醛、酚和硝基苯等。溶剂精制与电化学精制相比,其产品产率高,溶剂能回收重复使用,且没有酸、碱渣等污染物,所以得到较广泛使用。

4. 白土精制

白土精制用作电化学精制及溶剂精制的补充,以进一步提高油品的质量。白土是表面积大的多孔性陶土,能吸附油内的沥青、树脂、硫、氮的化合物、无机酸和溶剂等。将磨细的白土与油品混合,在管式炉内加热到200~300℃,送到接触塔内,让白土与油品接触处理5~15min,待油品冷却到150℃左右,滤除白土,即可获得精炼油。

白土精制的缺点是:废白土中含有约5%的油品,不易提出。所以,目前国外大多数炼油厂已经用加氢补充精制代替白土精制。加氢补充精制和加氢精制原理相似,只是处理条件有所不同。

5. 脱蜡

从煤油到各种润滑油馏分中,一般都含有不同数量的石蜡或地蜡。含蜡的油品凝点高,低温流动性差,所以应将油品中的蜡分离出来,即脱蜡。

冷榨脱蜡:通过冷冻降低油温,使蜡结晶,再经压榨将油品中的蜡分离出来。它只适用于轻质油料。

溶剂脱蜡:往油品中加入溶剂,降低油品黏度。这种溶剂在一定的低温时只溶解油而不溶解蜡。这样,经低温冷冻后,使油与蜡分离。常用的溶剂有丙酮、苯及甲苯的混合物。

分子筛脱蜡:分子筛是合成的泡沸石,是结晶型的碱金属硅酸铝盐。它是一种选择性的吸附剂,具有特殊的孔道结构,仅能吸附某些正构烷烃分子,从而达到脱蜡的目的。

此外,还有微生物脱蜡、尿素脱蜡等方法。

复习思考题

1. 石油的组成成分有哪些?
2. 什么是石油的馏分? 各种油品的馏分如何?
3. 我国石油产品是如何分类的?
4. 原油是如何变成石油产品的?
5. 什么是油品精制、油品调和? 油品添加剂起何作用?
6. 石油的炼制方法有哪些?
7. 石油产品的精制方法有哪些?

第二章 车用汽油

车用汽油是从石油中提炼出来的密度小、易于挥发的液体燃料,是由碳、氢元素组成的烃类化合物,其自燃点为 415~530℃。按照提炼方法不同,汽油可分为直馏汽油和裂化汽油。对石油进行加热,将 30~200℃ 的温度范围内蒸发出来的轻馏分蒸汽冷凝后即可得到直馏汽油。裂化汽油的制取方法有热裂化和催化裂化两种,其中催化裂化法可从石油中获取更多的汽油。

第一节 汽油的使用性能

为了满足汽油机的工作需求,在工作时汽油必须能在短时间内由液体状态蒸发成气体状态,与空气均匀混合形成良好的可燃混合气,并平稳、快速地燃烧,完成对外做功,同时还不能发生气阻、爆燃、腐蚀机件等不良现象。汽油的这种满足汽油机工作需求并保证汽油机正常发挥其性能的能力,称为汽油的使用性能。汽油发动机对车用汽油的使用性能要求非常严格,特别是在排放法规越来越严格的情况下,采用电控多点喷射燃料供给系统、三元催化转化器及闭环控制的汽车已普及,这对汽油使用性能提出了更为严格的要求。

为满足汽油发动机的工作特点,保证汽油机的顺利起动及平稳运转,充分发挥汽油机的动力性能,对车用汽油使用性能的主要要求有:
(1) 适宜的蒸发性。
(2) 良好的抗爆性。
(3) 良好的氧化安定性。
(4) 对机件等无腐蚀。
(5) 对人、环境无害。
汽油的使用性能主要用蒸发性、抗爆性、安定性、腐蚀性等指标来评价。

一、汽油的蒸发性

汽油由液态转化为气态的性质,称为汽油的蒸发性。汽油在平时呈液态,在进入发动机燃烧室内燃烧之前,必须蒸发成气态,且与空气混合形成可燃混合气才能燃烧。汽油的蒸发过程发生在发动机的进气行程和压缩行程。在进气行程,随着活塞下行,汽缸内产生较大的真空度,将空气流及汽油吸入汽缸,再经过压缩行程压缩,形成可燃混合气,所以汽油的蒸发过程约占 360° 的曲轴转角。而现代汽油发动机的转速都比较高,曲轴转一周的时间为 0.01~0.04s,因而汽油在发动机内蒸发的时间十分短促,要在如此短的时间内形成均匀的混合气,就要求汽油具有良好的蒸发性。

汽油的蒸发性越好,汽油就越容易汽化,与空气混合就均匀,可燃混合气的燃烧速度就快,且燃烧充分,发动机就容易起动,动力性好,提速灵敏,各工况间转换柔和,机械磨损减少,汽油消耗降低。反之,若汽油的蒸发性不好,将有部分汽油以液态进入汽缸,混合气形成不良,导致燃烧不完全,燃油消耗增加;低温时更是难以形成足够浓度的混合气,造成发动机低温起动困难;同时,由于汽油汽化不完全,未燃烧的油滴还会冲洗掉汽缸和缸壁间的润滑油膜,使汽缸的密封性下降,导致汽缸最高压力下降,发动机输出功率降低;此外,若这些未燃烧的油滴进入油底壳,还会污染发动机润滑油,增大发动机各摩擦副的磨损和润滑油的消耗。

汽油的蒸发性要适当,如果汽油的蒸发性过强也会引起许多问题,如运输储存过程中汽油的蒸发损失增加、燃油供给系统易产生气阻、汽油蒸发控制系统中的炭罐易过载等。所以综合考虑汽油应具有适宜的蒸发性,不可过强或过低。

(一)汽油蒸发性的评价指标

汽油蒸发性的评价指标是馏程与饱和蒸气压。

1. 馏程

馏程是指油品在规定条件下蒸馏时,从初馏点到终馏点的温度范围。

在评价汽油蒸发性时,一般采用初馏点、10%蒸发温度、50%蒸发温度、90%蒸发温度、终馏点和残留量等指标。

(1)初馏点:对100mL汽油在规定条件下进行蒸馏时,流出第一滴汽油时的气相温度。它是汽油的最低馏出温度,是汽油中最轻组分的沸点。

(2)10%蒸发温度:对100mL汽油在规定条件下进行蒸馏时,流出10mL汽油的气相温度。它表示汽油中轻质馏分的含量,该温度对发动机的冷起动性能和供油系统的"气阻"现象有直接影响。

10%蒸发温度越低,汽油中轻质馏分就越多,即使在低温条件下,也能达到发动机起动工况对可燃混合气浓度的要求,能使发动机顺利起动。10%蒸发温度与汽油机最低起动气温的关系见表2-1。

表2-1 10%蒸发温度与汽油机最低起动气温的关系

汽油10%蒸发温度(℃)	36	53	71	88	98	107	115	122
汽油机最低起动气温(℃)	-29	-18	-7	-5	0	5	10	15

但若10%蒸发温度过低,说明汽油中的轻质馏分过多,蒸发性过强,随着油温的升高,汽油会很容易汽化,汽化后的汽油蒸气在汽油泵或输油管处大量聚集,形成所谓"气阻"现象,阻碍燃油供给系统的正常供油,使发动机功率降低甚至熄火。"气阻"现象在炎热的夏季或大气压力较低的高原或高山地区更容易出现。

(3)50%蒸发温度:对100mL汽油在规定条件下进行蒸馏时,流出50mL汽油的气相温度。它表示汽油中中质馏分的含量,代表的是汽油的平均蒸发能力。该温度主要影响汽油机的暖机性能、加速性能和工作稳定性。

50%蒸发温度越低,说明汽油的平均蒸发能力就越强,在常温下就会有较大的蒸发量,所以形成的混合气浓度大,燃烧产生的热量多,因而可使发动机预热时间缩短,加速性好,运转平稳。50%蒸发温度与发动机预热时间的关系见表2-2。

50%蒸发温度与发动机预热时间的关系　　　表2-2

汽油50%蒸发温度(℃)	104	127	148
汽油机预热时间(min)	10	15	>28

但若50%蒸发温度过低,汽油的平均蒸发能力就越差,形成的混合气浓度较稀,要完成暖机过程,就需要较长时间。并且当快速增大供油量以提高发动机转速时,汽油就会来不及完全蒸发,使形成的混合气浓度较低,甚至燃烧不起来,因而导致加速性不好,且运转工况也不平稳。

（4）90%蒸发温度:对100mL汽油在规定条件下进行蒸馏时,流出90mL汽油的气相温度。它表示汽油中重质馏分的含量。

90%蒸发温度高,说明汽油中重质馏分含量较多,形成的混合气中汽油不能完全蒸发,也不能完全燃烧,导致发动机排气冒黑烟、耗油量增大。此外,未完全燃烧的汽油还会冲刷掉汽缸壁上的润滑油膜,使汽缸壁磨损加剧。若未燃汽油进入油底壳还会稀释发动机润滑油,影响正常润滑。

（5）终馏点:对100mL汽油在规定条件下进行蒸馏时,蒸馏出最后一滴汽油时的气相温度。它表示汽油中重质馏分的含量。

终馏点高的汽油,重质馏分多,蒸发性差,燃烧不完全,导致汽油消耗增多。同时未燃汽油附在汽缸壁上,会冲刷润滑油膜,使活塞磨损增加,还会使机油受到稀释,影响发动机润滑。90%蒸发温度和终馏点都是用来控制汽油中重质馏分的指标,不同的是前者用以控制量的多少,后者用以控制上限。

（6）残留量:对100mL汽油在规定条件下进行蒸馏时,不能被蒸发的残留物质与100mL汽油的体积百分比。它表示汽油中不易蒸发的重质馏分和储存过程中氧化生成的胶质物质的含量。

汽油残留量过大,会使燃烧室积炭增加,进气门、喷油器等部位结胶严重,从而影响发动机的正常工作,故使用中应严格限制。

2. 饱和蒸气压

饱和蒸气压是指在规定条件下,汽油蒸发达到平衡状态时,汽油蒸气所显示的最大压力,它表示汽油的平均蒸发性。饱和蒸气压越高,汽油的蒸发性就越好。但若饱和蒸气压过高,由于蒸发性过强,则易产生"气阻",在夏季、高原和山区尤易出现,且在储存、运输和使用过程中蒸发损失就会越大。

（二）使用条件对车用汽油蒸发性的影响

汽油的蒸发性除受自身的化学组成和馏分组成决定外,使用条件对其也有一定影响。

1. 进气温度

汽油在汽缸中燃烧时必须先由液态转变为气态,在这个变相过程中,需要吸收空气中的热量。汽油蒸发量越大,需要吸收的热量就越多。因此,提高汽油机的进气温度,就可适当增加汽油的蒸发量。

2. 进气流动速度

进气流动速度越快,喷入的汽油就会被气流产生的动能击碎得更加细小,这就增加了汽油的蒸发和扩散的面积,从而得到较高的蒸发速度和蒸发量。可见,空气流速越大,汽油气化率越大。

3. 缸壁温度

缸壁温度主要对可燃混合气中未蒸发油滴的进一步蒸发有影响。未蒸发油滴的蒸发需要吸收缸壁的热量,因此缸壁的温度越高,则汽油在汽缸内的蒸发量就越大。

此外,使用人员的技术水平对汽油的蒸发性也有一定的影响。如果使用人员技术熟练,懂得使用条件对蒸发性的影响,根据季节气温变化和汽油发动机的工作情况,合理采用起动预热、暖机等方法,保持冷却液的适宜温度,根据实际情况及时改变发动机的转速和负荷等,就可以使汽油在发动机内的蒸发速度加快,蒸发量增多,相对提高了汽油的蒸发性。

二、汽油的抗爆性

汽油的抗爆性是指汽油在汽油发动机汽缸内燃烧时不产生爆燃的性能。

汽油在汽油机内正常燃烧的特征是可燃混合气被电火花点燃后,在火花塞附近形成火焰中心,火焰逐渐向未燃烧混合气扩散(传播速度为 20~50m/s),汽缸内的压力和温度均匀上升,至上止点后某适当位置处压力达最高值。

汽油在汽油机内不正常燃烧的主要特征是形成了多个火焰中心,火焰传播速度快,汽缸内压力和温度上升异常剧烈。爆燃是最常见的不正常燃烧之一。影响爆燃的因素很多,但最根本的因素还是汽油本身的抗爆性。

(一)爆燃产生的原因及危害

当汽缸内的可燃混合气被电火花点燃后,在火焰未到达的区域内,一部分未燃混合气因受到已燃混合气的压缩和热辐射作用,温度和压力急剧升高,超过其自燃点,从而导致在火焰前锋尚未到达的区域产生多个几乎同时爆发的燃烧中心,并向四周传播。由于这种燃烧速度极为迅速,汽缸容积来不及膨胀,使汽缸内的压力和温度急剧上升,使燃烧以爆炸的形式进行,在局部区域的瞬间压力和温度甚至高达 9800kPa 和 2500℃左右。这种压力和温度的不平衡产生强烈的冲击波,以超音速向前推进,猛烈撞击汽缸盖、活塞顶和汽缸壁,使发动机产生振动,并发出清脆的敲击声,这种现象就是汽油机的爆燃(又称爆震)。

爆燃对发动机的危害主要有以下几个方面:

(1)由于强烈的冲击波作用,会使缸盖、活塞顶、缸壁、连杆、曲轴等机件的负荷增加,产生变形甚至损坏。

(2)爆燃造成的冲击波和高压,会破坏缸壁的润滑油膜,使发动机磨损加快,汽缸的密封性下降,发动机功率降低。

(3)爆燃导致的高温,会增加发动机冷却系统的负担,易使发动机出现过热,而造成损坏。

(4)爆燃的火焰传播速度过快导致燃烧不完全,引起排气冒黑烟、燃烧室积炭,使发动机的性能下降。

当压缩比一定时,爆燃产生的主要影响因素就是汽油自身的抗爆性。所以,为避免爆燃现象的出现,应尽量使用抗爆性好的汽油。

(二)汽油抗爆性的评价指标

汽油抗爆性的评价指标是辛烷值和抗爆指数。

1. 辛烷值

辛烷值英文缩写为 ON(Octane Number),它是表示点燃式发动机燃料抗爆性的一个约定数,是在规定条件下实际汽油抗爆性与标准汽油抗爆性比较后得到的一个数值。

所谓标准汽油,就是由异辛烷(2,2,4 - 三甲基戊烷)和正庚烷组成。其中异辛烷的抗爆性好,将其抗爆性定为100;而正庚烷的抗爆性差,将其抗爆性定为零。将异辛烷和正庚烷分别按不同的体积比配制成辛烷值不同的标准燃料,含异辛烷的体积百分数值就是这种标准汽油的辛烷值,如含异辛烷60%、正庚烷40%的标准汽油,其辛烷值就是60,汽油辛烷值的范围为0~100。改变不同的异辛烷含量,就可得到一系列不同辛烷值的标准汽油。

要测定某一待测汽油的辛烷值,可将该汽油与标准汽油在同样的规定条件下用标准发动机进行试验,若待测汽油与那一种标准汽油的抗爆性能相当,则该标准汽油的辛烷值就是待测汽油的辛烷值。

在标准发动机试验中,由于规定条件不同,测得的辛烷值也不同。按照试验条件,辛烷值分为马达法辛烷值和研究法辛烷值两种。马达法辛烷值英文缩写为 MON(Motor Octane Number),研究法辛烷值英文缩写为 RON(Research Octane Number)。马达法辛烷值的试验条件要比研究法辛烷值的试验条件苛刻。例如,测定马达法辛烷值时发动机转速一般为900r/min,混合气一般加热至149℃;而测定研究法辛烷值时发动转速一般为600r/min,混合气一般不加热。正因为马达法辛烷值的试验条件苛刻,所以马达法辛烷值一般低于研究法辛烷值。

2. 抗爆指数

马达法辛烷值表示的是汽油在发动机重负荷条件下高速运转时的抗爆能力,研究法辛烷值表示的是汽油在发动机常有加速条件下低速运转时的抗爆能力,两者单独都不能全面反映车辆运行中汽油燃烧的抗爆性能,因此引入了抗爆指数这一指标。

抗爆指数是汽油研究法辛烷值与马达法辛烷值的平均值,即两者之和除以2。

(三)提高汽油抗爆性的措施

提高汽油辛烷值的方法目前主要有以下四种:

一是加入抗爆剂,如四乙基铅,但由于铅是有毒、有污染的物质,造成大气污染,影响人类健康,早已禁止使用。

二是加入汽油掺和剂,如甲基叔丁基醚(MTBE)、羰基锰(MMT)等,利用其本身很高的辛烷值来提高汽油的抗爆性。

三是选择良好的原料和改进加工工艺,如采用催化裂法、加氢裂化和催化重整等工艺,生产出高辛烷值的汽油。

四是利用先进技术生产乳化汽油和水合醇汽油,其原理是利用表面活性物质形成油包水型乳状液,使其在发动机内燃烧时能降低发动机汽缸温度,使过氧化物聚集较慢,从而预防爆燃,同时由于燃烧很完全而节约汽油。

三、汽油的氧化安定性

汽油的氧化安定性是指汽油在储存、运输、加注和使用的过程中,抵抗氧化生胶而保持其自身性质不发生变化的能力。氧化安定性良好的汽油,即使长期储存也不会发生显著的质量变化。氧化安定性差的汽油,在储存和使用的过程中,容易发生氧化、缩合和聚合反应,生成酸性物质和胶状沉淀,汽油的颜色也随之变深,还会导致汽油的辛烷值下降。

使用氧化安定性不好的汽油,就容易在滤清器、油管、喷油器等部位沉积胶状物,影响燃料的供给和混合气的形成;胶状物质也容易使进气门产生粘着现象,导致气门关闭不严,造成发动机的动力性和经济性下降;胶状物质进入发动机汽缸后还极易在高温下分解,导致在燃烧室、气门、活塞顶等部位形成大量积炭,造成汽缸散热不良,使零件局部过热;同时,积炭还会增大汽缸压缩比,增大早燃和爆燃的倾向;积炭还会沉积在火花塞间隙处,这将导致跳火电压降低,点火不良。因此,车用汽油应具有良好的氧化安定性。

(一) 汽油氧化安定性的评价指标

汽油氧化安定性的评价指标为实际胶质和诱导期。

1. 实际胶质

实际胶质是指在规定的条件下,测得的汽油蒸发残留物的量,单位为 mg/100mL。其测定方法一般是取 100mL 被测汽油,用热空气吹过汽油表面使其蒸发,所残留下来的棕色或黄色的残余物质,就是汽油的实际胶质。实际胶质越少,汽油的氧化安定性就越好。

2. 诱导期

诱导期是指在规定的加速氧化条件下,油品能保持稳定状态的时间,用 min 表示。其测定方法一般是将 100mL 被测汽油放入特定钢筒中,充入 0.7MPa 压力的氧气,再将钢筒置入 100℃ 的水中,刚开始时氧气受热其压力会稍有上升,过一段时间当发生氧化反应后,氧气压力会明显下降,从油样放入水中开始到氧气压力明显下降所经历的时间就是诱导期。诱导期越长,汽油的氧化安定性就越好。

(二) 影响汽油氧化安定性的因素

1. 化学组成

汽油中的烷烃、环烷烃、芳香烃等饱和烃在常温液态条件下,都不易与空气中的氧气发生氧化反应,并且彼此也不易发生缩合和聚合反应,所以它们的安定性比较好,使得以这些烃为主要成分的汽油的安定性也就比较好。汽油中的烯烃等不饱和烃在常温液态条件下,不仅容易与空气中的氧气发生氧化反应,而且彼此之间还会发生缩合和聚合反应,因此,含烯烃等不饱和烃越多的汽油的氧化安定性就越差。

汽油中的非烃类组成如含硫化合物、含氧化合物、含氮化合物等成分,都会使汽油的氧化安定性变差。

2. 储存条件

环境温度越高,汽油氧化生胶的进程就越快,导致汽油生成的胶质就越多,诱导期就越短。

汽油在储存时,油面上空的空气量越多,汽油氧化生胶的进程就越快。

金属对汽油的氧化安定性也有一定的影响,因为金属对汽油的氧化进程起催化作用,催化作用最强的是铜,其次是铅。

水分对汽油的氧化安定性也有一定的影响。因为水不仅对汽油的氧化起催化作用,而且能溶解汽油中的抗氧防胶剂,从而加快了汽油的氧化生胶进程,使汽油的氧化安定性显著降低。

(三)提高汽油氧化安定的措施

一是采用先进的炼制工艺,如催化重整和加氢精制等,主要作用是减少汽油中不饱和烃的含量和去除汽油中的非烃类组分。

二是向汽油产品中加入抗氧防胶剂,如2,6-二叔丁基对甲酚等。这些抗氧防胶剂释放出的氢原子与过氧化基结合,使过氧化基变成过氧化物而失去活性,从而中断烃类氧化生胶的反应链,达到提高汽油氧化安定性的目的。

三是向汽油产品中加入金属钝化剂,如 N,N'-二亚水杨-1,2-丙二胺等。这些金属钝化剂能与具有氧化催化效应的可溶性金属化合物反应,从而使可溶性金属化合物失去氧化催化效应,提高了汽油的氧化安定性。

四、汽油的腐蚀性

汽油的腐蚀性是指在运输、储存和使用过程中,汽油对与它接触的金属容器和零件具有腐蚀作用。为不造成容器及零件腐蚀,要求汽油无腐蚀性。汽油的腐蚀性,完全是由非烃类物质引起的,常见的能引起腐蚀性的非烃类物质有硫及硫的化合物、有机酸、水溶性酸或碱等,对这些物质,在汽油中必须严格加以控制,特别是活性硫化物,具有很强的腐蚀性,常温下可直接腐蚀金属。

(一)汽油中的主要腐蚀成分

1. 硫及硫的化合物

硫元素能与多种金属发生化学反应,生成对金属腐蚀作用很强的硫化物,易造成发动机金属零件和金属储油容器的过早报废。硫还能与汽油中的烷烃和环烷烃在高温(高于150℃)下发生反应,生成具有强烈腐蚀性的硫化氢。汽油中常见的活性硫化物有硫化氢、硫醇(RSH)、二氧化硫和三氧化硫等。

硫化氢不存在于原油中,而是在原油提炼过程中由于化学反应生成的。它能严重腐蚀铜、铜合金、铁和铝等金属。

硫醇(RSH)是原油的有害组成成分,气味很臭。在1L汽油中含有亿分之一克的硫醇时,就会使汽油带有恶臭味。它除了对铜、银、镉、锌和铁等金属有强烈腐蚀性作用外,还会促进胶质生成。

二氧化硫和三氧化硫是油品在硫酸精制和再蒸馏过程中,由中性和酸性硫酸酯分解产生的,这些酸性氧化物对金属有强烈的腐蚀性作用。它们与水接触会生成亚硫酸和硫酸,腐蚀作用更加强烈。二氧化硫和三氧化硫还可能顺着汽缸窜入曲轴箱,进入润滑油,既腐蚀润滑系统,又会加剧发动机润滑油的变质。二氧化硫和三氧化硫如果随汽车尾气被排出车外,还会污染大气、形成酸雨。

因而,汽油中的硫及硫化物,都对金属具有直接或间接的腐蚀作用,硫含量越高,这种腐蚀作用就越强。

2. 有机酸

有机酸主要是指汽油在储存和使用的过程中,由于汽油中的不安定组分氧化变质而生成的一些酸性物质。汽油中有机酸的数量随汽油储存时间的增长而增加。有机酸中有一部分能溶于水,对金属可产生强烈的腐蚀。

3. 水溶性酸或碱

水溶性酸是指存在于汽油中能够溶于水的无机酸和低分子有机酸,如硫酸、盐酸、磺酸、酸性硫酸酯以及甲酸、乙酸和丙酸等。水溶性碱是指存在于汽油中能够溶于水的矿物碱,如氢氧化钠、氢氧化钾、碳酸钠等。

原油中是不含有水溶性酸或碱的,但原油在炼制、运输、储存、使用过程中,由于用酸碱精制和用化学方法清洗容器后有残留,就可能使成品汽油中残留水溶性酸或水溶性碱。汽油储存时间过长或保管不善,汽油中性质不稳定的烃类就会被氧化生成低分子有机酸。

水溶性酸的化学物质活泼,几乎能与各种金属直接发生反应生成盐类,产生化学腐蚀。汽油中如果含有水溶性酸,就会腐蚀汽油发动机的金属零部件和储油容器。水溶性碱的化学活性不如水溶性酸强,但它对铝有强烈的腐蚀作用。汽油中如果混入水溶性碱,则汽油机中的铝制零件就会与之反应生成氢氧化铝而被腐蚀。

水溶性酸或水溶性碱除了对金属有腐蚀作用外,还能促使汽油中的各种烃氧化、分解和胶化。

(二) 汽油腐蚀性的评价指标

汽油腐蚀性的评价指标为硫含量、铜片腐蚀试验、硫醇硫含量、博士试验和水溶性酸或碱

1. 硫含量

硫含量是指存在于汽油中的硫和一切硫化物中硫的总含量,以质量百分比表示。

2. 铜片腐蚀试验

铜片腐蚀试验是把铜片直接放入汽油中,检验铜片是否被腐蚀的试验。如果铜片的颜色发生变化则说明汽油中有腐蚀性物质。

3. 硫醇硫含量

硫醇硫属活性硫化物,不仅会对金属产生腐蚀,还会使燃料产生恶臭,因此国家标准中严格限制其含量。

4. 博士试验

博士试验是向汽油中加入一定量的亚铅酸钠溶液后,看有无黑色沉淀生成,以判定汽油中是否含有硫化氢或硫醇的试验。

5. 水溶性酸或碱

水溶性酸或碱试验主要用来判定汽油中是否存在可溶于水的酸性或碱性物质。水溶性酸或碱对金属有强烈的腐蚀作用,汽油中不允许其存在。

五、汽油的其他性能

(一) 无害性

无害性是指汽油的燃烧产物不对机动车排放、人体健康和生态环境产生不利影响的性能。汽油的无害性与汽油的组分有关，引起燃烧产物对机动车排放产生不利影响的汽油组分有铅、锰、铁、铜、磷、硫等，它们除了会增大排放废气中有害物质外，还会引起三元催化转化器中的催化剂中毒，使三元催化转化器失效，导致排入环境的排放污染物增多。引起燃烧产物对人体健康和生态环境产生不利影响的汽油组分有苯、烯烃、芳香烃等有机物，苯的存在会增大排放废气中丁二烯等毒性有机物的含量，烯烃与NO_x在紫外线作用下会发生化学反应，生成臭氧、甲醛、丙烯醛、过氧乙酰硝酸酯等产物，形成光化学烟雾，对人体和环境害处很大。汽油中的芳香烃组分，会增大排放废气中多环芳香烃、酚类、芳醛等有害物质的含量。

因此，汽油中要严格控制上述有害组分的含量。但是，芳香烃和烯烃作为汽油中的高辛烷值组分，它们在汽油中的含量也不能限制得太低，否则将降低汽油的抗爆性。

国家环境保护总局发布自 2011 年 5 月 1 日起实施的《车用汽油有害物质控制标准》(GWKB1.1—2011)中，对汽油中的各种有害组分进行了明确限制，以减少排放污染及对人体健康和生态环境的损害。车用汽油中各种有害组分的限制值见表 2-3。

车用汽油有害物质含量控制限制　　　　表 2-3

项　目	控制指标	项　目	控制指标
苯(%,体积分数)	≤1.0	铁(g/L)	≤0.01
烯烃(%,体积分数)	≤25	铜(g/L)	≤0.001
芳烃(%,体积分数)	≤35	铅(g/L)	≤0.005
甲醇(%,质量分数)	≤0.3	磷(g/L)	≤0.0002
锰(g/L)	≤0.002	硫(mg/kg)	≤10

(二) 清洁性

汽油的清洁性是指汽油中不应含有机械杂质和水分。炼制的成品汽油是不含有机械杂质和水分的，汽油中存在的机械杂质和水分一般是在运输、储存、使用过程中受外界污染而导致的。

机械杂质能增大发动机的磨损，水分能加速汽油的氧化生胶，所以，应严格限制它们在汽油中的含量，国家标准中规定汽油中不允许有机械杂质和水分。

第二节　汽油的编号及选用

一、汽油的编号

汽油的牌号是根据它的辛烷值来编制的，如 92 号汽油，它的辛烷值就是 92。辛烷值越大的汽油,其抗爆性就越好。从2017年1月1日起,我国已全面使用国Ⅴ标准汽油,停供国Ⅳ标准汽油。升级后的汽油标号由原国Ⅳ标准的90、93、97号,变为新国Ⅴ标准的89、92、95号,且增加了98号汽油。

标准升级后的油品性能有所提高,硫、烯烃、锰等有害成分含量降低,燃烧后的排放污染物有所减少。新标准实行后,不再给排放标准为国Ⅳ标准的汽车注册上牌,且国Ⅳ标准的在用车只能在本地过户。

国Ⅳ标准的颗粒物排放限值为不超过 0.025～0.060g/km,国Ⅴ标准这一限值则为 0.0045g/km,国Ⅲ、国Ⅳ、国Ⅴ汽油标准对照见表2-4。

国Ⅲ、国Ⅳ、国Ⅴ汽油标准对照表　　　　　表2-4

项目		质量标准								
		国Ⅲ			国Ⅳ			国Ⅴ			
		90	93	97	90	93	97	89	92	95	98
抗爆性　研究法辛烷值(RON)　不小于 抗爆指数(RON+MON)/2　不小于		90 85	93 88	97 报告	90 85	93 88	97 报告	89 84	92 87	95 90	98 93
含铅量(g/L)　不大于		0.005			0.005			0.005			
馏程10%馏出温度(℃)　不高于 50%馏出温度(℃)　不高于 90%馏出温度(℃)　不高于 终馏点(℃)　不高于 残留量(体积分数,%)　不大于		70 120 190 205 2			70 120 190 205 2			70 120 190 205 2			
蒸汽压(kPa) 11月1日至4月30日 5月1日至10月31日		不大于88 不大于72			42～85 40～68			45～85 40～65			
胶质含量(mg/100mL) 未洗胶质含量(加入清净剂前)　不大于 溶剂洗胶质含量　不大于		30 5			30 5			30 5			
诱导期(min)　不大于		480			480			480			
硫含量(mg/kg)　不大于		150			50			10			
硫醇(满足下列指标之一即为合格): 博士实验 硫醇硫含量(质量分数,%)　不大于		通过 0.001			通过 0.001			通过 0.001			

续上表

项 目		质量标准									
		国III			国IV			国V			
		90	93	97	90	93	97	89	92	95	98
铜片腐蚀(50℃,3h,级)	不大于	1			1			1			
水溶性酸或碱		无			无			无			
机械杂质及水分		无			无			无			
苯含量(体积分数,%)	不大于	1.0			1.0			1.0			
芳烃含量(体积分数,%)	不大于	40			40			40			
烯烃含量(体积分数,%)	不大于	30			28			24			
氧含量(质量分数,%)	不大于	2.7			2.7			2.7			
甲醇含量(质量分数,%)	不大于	0.3			0.3			0.3			
锰含量(g/L)	不大于	0.016			0.008			0.002			
铁含量(g/L)	不大于	0.01			0.01			0.01			
密度(20℃,kg/m³)		—			—			720~775			

表 2-4 中所列的国 V 标准汽油,其执行期限是从 2017 年 1 月 1 日起到 2018 年 12 月 31 日止,也就是说只能使用两年的时间。自 2019 年 1 月 1 日起到 2022 年 12 月 31 日止(很有可能会提前),我国将实行国Ⅵ汽油标准,国Ⅵ标准的颗粒物排放限值比国 V 标准低 50%。国Ⅵ标准汽油的各项技术指标见表 2-5。

国Ⅵ标准汽油的技术指标   表 2-5

项 目		质量标准				试 验 方 法
		89	92	95	98	
抗爆性:研究法辛烷值(RON)	不小于	89	92	95	98	GB/T 5487—2015
抗爆指数(RON+MON)/2	不小于	84	87	90	93	GB/T 503—2016 GB/T 5487—2015
含铅量(g/L)	不大于	0.005				GB/T 8020—2015
馏程:10%馏出温度(℃)	不高于	70				GB/T 6536—2010
50%馏出温度(℃)	不高于	110				
90%馏出温度(℃)	不高于	190				
终馏点(℃)	不高于	205				
残留量(体积分数,%)	不大于	2				
蒸气压(kPa): 11月1日至4月30日 5月1日至10月31日		45~85 40~65				GB/T 8017—2012

续上表

项　　目		质量标准				试验方法
		89	92	95	98	
胶质含量(mg/100mL)： 　未洗胶质含量(加入清净剂前)　不大于 　溶剂洗胶质含量　　　　　　　　不大于		30 5				GB/T 8019—2008
诱导期(min)　　　　　　　　　不大于		480				GB/T 8018—2015
硫含量(mg/kg)　　　　　　　　不大于		10				SH/T 0689—2000
硫醇(博士实验)		通过				NB/SH/T 0174—2015
铜片腐蚀(50℃,3h,级)　　　　不大于		1				GB 5096—1985
水溶性酸或碱		无				GB 259—1988
机械杂质及水分		无				目测
苯含量(体积分数,%)　　　　　不大于		0.8				SH/T 0713—1992
芳烃含量(体积分数,%)　　　　不大于		35				GB/T 30519—2014
烯烃含量(体积分数,%)　　　　不大于		15				
氧含量(质量分数,%)　　　　　不大于		2.7				NB/SH/T 0663—2014
甲醇含量(质量分数,%)　　　　不大于		0.3				
锰含量(g/L)　　　　　　　　　不大于		0.002				SH/T 0711—2002
铁含量(g/L)　　　　　　　　　不大于		0.01				SH/T 0712—2002
密度(20℃,kg/m³)		720～775				GB/T 1884—2000, GB/T 1885—1998

二、汽油的选用

为了既充分发挥汽油的能量，又尽量延长汽油发动机零件的使用寿命，应根据发动机的压缩比正确、合理地选择汽油。压缩比越大，使用的汽油牌号一般就越高，一般建议：发动机压缩比低于 8.5 的，加 89 号或 92 号汽油；发动机压缩比在 8.5～9.0 的，加 92 号或 95 号汽油；发动机压缩比在 9.0～9.5 的，加 95 号汽油；发动机压缩比高于 9.5 的，则应加 98 号汽油。

此外，发动机为涡轮增压的，建议尽量使用高品质的 98 号汽油。

当然，一种车型到底应加多大牌号的汽油，最好还是按照汽车厂家使用说明书的规定进行。在汽油的供应上，若一时不能满足需要，可以用牌号相近的汽油暂时代用，但必须对汽油机进行适当的调整。用辛烷值较低的汽油代替辛烷值较高的汽油时，应适当推迟点火提前角；用辛烷值较高的汽油代替辛烷值较低的汽油时，应适当增大点火提前角。

在汽油选用中，应该避免"汽油牌号越高，对汽车越有利；汽油牌号越高，汽车排放越能达标"这样的误区。实际上，汽油质量是多种性能的综合评价，汽油牌号高低只反映了抗爆性的好坏，而蒸发性、清洁性、无害性、氧化安定性、腐蚀性等并不能被反映出来。

如果低压缩比发动机的汽车加用高标号燃油,油的燃烧速度慢,出现"滞燃"现象,反而会造成燃烧不完全、加速无力、排污增多等现象,使其高抗爆性的优势无法发挥出来,造成浪费,既不经济也不实用;反之,高压缩比汽车长期燃用低标号汽油则更不可取,极易产生爆燃,还会在气门及汽缸上形成积炭,使发动机性能下降,导致动力下降、油耗增加、排放恶化。

 复习思考题

1. 汽油的主要使用性能有哪些?它们对汽油的使用有何影响?
2. 什么是汽油的馏程?如何评价?
3. 什么是汽油的抗爆性?什么是爆燃?它有何危害?提高汽油抗爆性的措施有哪些?汽油的抗爆性如何评价?
4. 汽油的氧化安定性如何评价?
5. 汽油中的主要腐蚀成分有哪些?各有何危害?
6. 汽油是如何编号的?我国现行汽油标准是什么?
7. 如何选用汽油?

第三章　车用柴油

第一节　柴油的使用性能

与汽油一样，柴油也是从石油中提炼出来的烃类混合物。柴油分为轻柴油和重柴油，两者的沸点范围分别为 180～370℃ 和 350～410℃，轻柴油用于高速柴油机，重柴油用于中、低速柴油机。汽车用柴油机属高速柴油机，所用柴油为轻柴油，以下简称柴油。

柴油与汽油相比，具有馏分重、自燃点低、相对密度大、蒸发性差、储存和运输过程中损耗小、使用安全等特点。而且柴油发动机与汽油发动机相比较，具有耗油量低、能量利用率高、废气排放量小、工作可靠性好、功率适用范围宽等优点。所以，随着柴油发动机技术的不断提高，柴油车的应用将会越来越广泛。目前，在中、重型汽车动力领域，柴油机保持了其领先地位；在轻型车动力领域，柴油机的应用范围也在不断扩大。随着柴油车保有量的增多，柴油作为汽车燃料的需求量也已越来越大。

由于柴油发动机的可燃混合气形成方式、着火方式、燃烧过程等与汽油发动机不同，所以对柴油使用性能的要求与汽油不同，在柴油的使用性能中，最为重要的是其低温流动性和燃烧性，其余还有蒸发性、安定性、腐蚀性、清洁性等。

一、低温流动性

柴油的低温流动性是指在低温条件下柴油具有一定流动状态的性能。柴油的密度和黏度都比汽油大，且随着温度的降低，柴油的黏度会变得更大。由此，在低温条件下，能否在发动机燃油供给系统中顺利地泵送柴油便成为问题。如果柴油的低温流动性不好，在低温下失去流动性，就会妨碍柴油在油管和滤清器中顺利通过，使供油量减少甚至中断，导致发动机不能正常工作甚至熄火。为了能使柴油发动机可靠地供给燃油，要求柴油应具有良好的低温流动性。

在组成柴油的烃类中有一部分为石蜡，常温下石蜡在柴油中呈溶解状态存在，但随着温度逐渐下降，石蜡开始形成网状结晶并从柴油中析出，温度越低，结晶现象就越严重。这些网状结晶使柴油的流动阻力增加，流动性变差，特别容易堵塞柴油滤清器，最终使柴油彻底失去流动性。

柴油的低温流动性，除了对柴油机燃料供给系统在低温下能否正常供油有影响外，还影响其在低温下的储存、运输、罐装等作业的正常进行。

为了改善柴油的低温流动性，通常以脱蜡或加降凝剂的方法来降低其凝点。脱蜡程度深则凝点也低,若脱蜡深度不能满足需要,可加适量的降凝剂。降凝剂有抑制柴油中石蜡结晶生长的作用,可改善柴油的低温流动性能。

柴油低温流动性的评价指标为凝点、浊点和冷滤点。根据各国气候特点及使用习惯,对柴油低温流动性的评价指标也不尽相同,美国采用浊点,欧盟采用冷滤点,日本采用凝点,我国采用凝点和冷滤点。

1. 凝点

在一定的试验条件下,将柴油冷却到液面不流动时的最高温度,称为柴油的凝固点,简称凝点。凝点的简单测试方法是,把装有柴油的瓶子从原来竖直放置转到水平位置,经过5s后液体不流动的最高温度就是凝点。我国柴油的牌号就是依据凝点划分的。

柴油的凝固较之纯化合物的凝固有很大的不同,柴油并没有明确的凝固温度,所谓"凝固"只是从整体看液面失去了流动性。凝点是柴油低温流动性的主要评价指标,其高低与柴油的化学组成有关,饱和烃的凝点比不饱和烃的凝点高;饱和烃中,正构烷烃的凝点比异构烷烃的凝点高;正构烷烃中,碳链长度越长的其凝点就越高。

柴油低温流动性差,则会造成柴油不能顺畅地供往汽缸,严重时,甚至无法使车辆正常行驶。为保证柴油机的正常工作,柴油的凝点应比柴油机使用地区的最低气温低5℃。

2. 浊点

在一定的试验条件下,将柴油冷却到开始出现浑浊的最高温度称为浊点。可以看出,同一种柴油其浊点比凝点高,也就是说柴油达到浊点后,虽然有石蜡晶体析出,使柴油在燃油供给系统中的流动阻力增大,但是还不是很严重,不会堵塞柴油滤清器,还能保证正常的供油,不影响柴油机的正常工作,可见浊点并不是柴油使用的最低温度。所以,用浊点作为柴油低温流动性评价指标过于苛刻,除美国等少数国家现在还采用浊点外,其他国家现在基本上都不用浊点这个指标了。

3. 冷滤点

冷滤点是指在规定的条件下,被测柴油不能以20mL/min的流量通过过滤器时的最高温度。由于冷滤点与柴油的实际使用温度有良好的对应关系,能够反映柴油低温实际使用性能,最接近柴油的实际最低使用温度,所以与浊点和凝点相比,它更具有实用性,正因如此大多数国家普遍采用冷滤点作为柴油低温流动性的评价指标。

在选用柴油牌号时,应同时兼顾当地气温和柴油牌号对应的冷滤点两个因素。5号轻柴油的冷滤点为8℃,0号轻柴油的冷滤点为4℃,-10号轻柴油的冷滤点为-5℃,-20号轻柴油的冷滤点为-14℃。

一般来说,柴油的浊点＞冷滤点＞凝点＞当地最低气温。凝点和冷滤点是表征柴油低温使用性能的指标,凝点是表明柴油在低温环境中失去流动性的最高温度,冷滤点则可表明柴油通过柴油发动机供油系统时能造成滤网堵塞的最高温度。对车用柴油而言冷滤点比凝点在实际使用中显得更加重要,这是因为冷滤点与柴油的低温使用性能直接相关,而凝点主要是与柴油的储存、运输有关。

改善柴油低温流动性的有效办法是在柴油中加入降凝剂,只要加入很低浓度的降凝剂就可以明显改善柴油的低温流动性,且不会改变柴油的其他性能指标。

二、燃烧性

柴油的燃烧性是指柴油的自燃着火能力,因此又称柴油的发火性。

与汽油机的电火花点火燃烧方式不同,柴油机的燃烧方式是压缩后自燃着火,这就要求柴油必须有良好的自燃着火能力。柴油机的燃烧过程分为着火延迟期、速燃期、缓燃期和补燃期四个阶段。燃烧性好的柴油,具有较低的自燃点,在发火延迟期内,燃烧室便形成高密度的过氧化物,成为发火中心,易于自燃着火,因此发火延迟期较短,不会形成大量燃油同时爆发燃烧现象,整个燃烧过程较均匀,汽缸压力上升平缓,最高压力也较低,对活塞的推力在时间上分布合理,发动机工作柔和,不会出现柴油机特有的工作粗暴现象,动力性和经济性都比较好。

若柴油的燃烧性能较差,其着火延迟期会变长,此期内喷入汽缸的柴油积存量过多,一旦自燃着火,便有过量的柴油同时燃烧,使汽缸压力急剧升高,造成发动机运转不平稳,并产生强烈的震击声,这种不正常燃烧现象,就是柴油机工作粗暴。柴油机工作粗暴会使曲柄连杆机构承受过大的冲击力,产生强烈的金属敲击声,加速零件的磨损和损坏,并使发动机功率下降,油耗增加。

但是,柴油的燃烧性也不能过好。燃烧性过好的柴油,其自燃点太低,着火延迟期过短,易使混合气来不及混合均匀就燃烧,造成燃料燃烧不完全,缸内最高爆发压力下降,导致柴油机的输出功率下降。此外,由于燃料燃烧不完全,还会出现排气冒黑烟、燃料消耗增大的情况。同时,燃烧性过好的柴油,一般凝点也过高,馏分也较重,使用不便且污染加重。

柴油燃烧性的评价指标是十六烷值。十六烷值是指与柴油自燃性相当的标准燃料中所含正十六烷的体积百分数。它是在规定条件下的标准发动机试验中,通过和标准燃料进行比较来测定的。所谓"标准燃料",是用正十六烷($C_{16}H_{34}$)和α-甲基萘($C_{11}H_{10}$)按不同体积百分数配制成的混合物,其中正十六烷的燃烧性能良好,规定其十六烷值为100;α-甲基萘的燃烧性能差,规定其十六烷值为0。按不同体积比例将二者混合即得到多种标准燃料。标准燃料中正十六烷的体积百分数就是标准燃料的十六烷值,该值范围为0~100。在发动机上进行反复试验,若待测柴油的发火性能与某种标准燃料的发火性能相同,则该标准燃料的十六烷值就是待测柴油的十六烷值。

柴油机的额定转速越高,为确保在短时间内燃烧完全,就要求柴油的发火性能越好,因此要求柴油的十六烷值就越高。通常要求柴油的十六烷值在40~60之间比较合适,当柴油的十六烷值高于50以后再往上提高,对着火延迟期缩短作用已不大,且这种柴油高温下易裂解成不易燃烧的炭粒使排气冒黑烟。

一般情况下:

(1)额定转速在1000r/min以下的柴油机,可使用十六烷值为35~40的柴油。

(2)额定转速在1000~1500r/min的柴油机,可使用十六烷值为40~45的柴油。

(3)额定转速在1500r/min以上的柴油机,可使用十六烷值为45~60的柴油。

三、蒸发性

柴油的雾化和蒸发性简称蒸发性,是指柴油经喷油器喷入汽缸后分散成液体颗粒及进一步汽化的能力。在既定燃烧室和喷油设备前提下,柴油的雾化和蒸发性就决定了可燃混合气形成的品质和速度。

为了保证动力性和经济性,柴油机的可燃混合气必须在活塞位于压缩行程上止点附近时快速形成,相应的喷油持续时间只有15°~30°曲轴转角,可燃混合气形成时间短到只有汽油机的1/30~1/20,况且柴油馏分比汽油重,蒸发性比汽油差。因此,为使可燃混合气均匀,柴油机在接近压缩行程终了时,借助喷油泵、喷油器的高压,在喷入汽缸瞬间先将柴油分散成细小雾粒,再使这些细小的雾粒与汽缸中组织起一定气流运动的高温高压空气相混合,完成快速蒸发,最后自燃着火。在如此短的时间内,要完成喷油、蒸发、混合、燃烧等过程,就要求柴油本身必须具有良好的雾化和蒸发性能。

使用蒸发性能差的柴油,在活塞位于压缩行程的上止点附近时,柴油就会来不及完成蒸发和混合,燃烧将拖延到膨胀行程继续进行,结果使排气温度升高,增加了柴油机的热损失;来不及蒸发的柴油在高温下会发生热分解,形成难于燃烧的炭粒,使排气冒黑烟,导致排放污染增加,油耗增大;未燃烧或未完全燃烧的柴油,还有可能窜入油底壳,使发动机润滑油变质,导致磨损加剧。但是,柴油的蒸发性也不能过强,否则会使柴油在储存和运输过程中蒸发损失过大,且安全性也差。

柴油蒸发性的主要评价指标有馏程、黏度、密度和闪点。

1. 馏程

柴油馏程的测定方法与汽油相同,评定柴油蒸发性采用的是50%蒸发温度、90%蒸发温度和95%蒸发温度。

50%蒸发温度,表示柴油中轻质馏分的含量。50%蒸发温度低,说明柴油中轻质馏分多,蒸发性就好,易形成均匀的混合气,柴油机易起动。但该温度也不宜过低,过低会因轻质馏分太多而使发动机产生工作粗暴现象。国家标准规定轻柴油50%蒸发温度不高于300℃。50%蒸发温度对发动机起动性能的影响见表3-1。

柴油50%蒸发温度与发动机起动性能的关系　　表3-1

柴油50%蒸发温度(℃)	200	225	250	275	285
柴油机的起动时间(s)	8	10	27	60	90

90%蒸发温度和95%蒸发温度,表示柴油中重质馏分的含量。90%蒸发温度和95%蒸发温度高,说明柴油中重质馏分多,蒸发性差,形成的混合气质量差,燃烧不完全,易造成发动机排气冒黑烟,功率下降,油耗增多,零件磨损增大等。国家标准规定轻柴油90%蒸发温度不高于355℃,95%蒸发温度不高于365℃。

2. 黏度

黏度是指液体在外力作用下发生移动时,液体分子间所呈现的内部摩擦力,是表示油品流动性能好坏的一项指标。黏度小的油品流动性能好,黏度大的油品流动性能差。温度升高黏度变小,温度降低黏度变大,因此,表示某一油品的黏度时必须标明温度,否则没有意义。

黏度有多种表示方法,评价柴油的蒸发性采用的是运动黏度指标。运动黏度是液体在重力作用下流动时内摩擦力的量度,其常用单位为m^2/s。轻柴油规格中规定测定20℃的运动黏度。

柴油的黏度越小,其流动性、蒸发性和雾化质量就越好。但黏度也不宜过小,否则喷油器的喷雾锥角大,喷油射程短,混合气形成不均,燃烧不完全,功率下降;黏度过小还会引起柴油机精密偶件润滑不良,导致磨损加剧。因此,每种柴油都有规定的黏度范围值。

证明验证,柴油在20℃的运动黏度为$5mm^2/s$左右时,既能保证柴油流动性和精密偶件的润滑要求,也能保证雾化质量和供油量。

3. 密度

柴油的密度过大,将使其雾化质量变差,混合气形成不均匀,燃烧条件恶化,排气冒黑烟,发动机经济性下降。柴油密度大说明其中芳香烃含量多,易导致柴油机运转时发生工作粗暴现象。

4. 闪点

闪点是在规定的试验条件下加热,油品所产生的蒸气与周围空气形成的混合气接触火焰发生瞬间闪火时的最低温度。

根据测定仪器的不同,闪点有开口闪点和闭合闪点两种。用开口杯闪点测定器测得的闪点为开口闪点,用闭口杯闪点测定器测得的闪点为闭口闪点。轻柴油采用闭口闪点。

柴油的闪点低,蒸发性就好;反之,则蒸发性差。但闪点过低,蒸发性过好,易使发动机产生工作粗暴现象。

柴油的闪点还对柴油的储存和使用的安全性有影响,闪点过低的柴油不仅会使蒸发损失增大,而且其产生的大量柴油蒸气也会造成失火隐患,易引发火灾。

四、其他使用性能

1. 安定性

柴油的安定性又称氧化安定性,就是指柴油的化学稳定性,即在储存、运输和使用过程中抗氧化性能的大小。柴油中的不饱和烃(特别是二烯烃),发生氧化反应后颜色变深,气味难闻,同时产生一种胶状物质及不溶性沉渣,严重时会造成柴油机滤油器堵塞和喷油嘴结焦等故障。

安定性好的柴油在运输、储存和使用过程中外观颜色变化不大,基本上不产生不可溶的胶质和沉渣。安定性差的柴油随时间推移其颜色逐渐变深,实际胶质逐渐增多,易导致滤清器堵塞、喷油器孔黏结或堵死、活塞组零件表面上形成漆膜或积炭,严重时导致供油中断。

柴油的安定性主要取决于其化学成分,外部环境对柴油安定性也有一定的影响。柴油的化学成分包括烃类组成和非烃类组成。其中烃类中的烯烃、二烯烃、环烷芳香烃和非烃类中的硫化物、氮化物等导致柴油的安定性变差。外部环境对柴油安定性的影响主要包括储存容器、空气中的氧气含量以及光线和温度等因素。金属的储存容器会对柴油的氧化有一定的催化作用,空气中氧气含量大会使柴油与氧接触的机会增多,光线强、温度高会加速柴油变质的速度,这些外部环境因素都会使柴油的安定性变差。

柴油的安定性用总不溶物(mg/100mL)来表示,其值越大,说明柴油的安定性越差。国家标准《车用柴油》(GB19147—2016)中规定柴油的总不溶物不大于2.5mg/100mL。

2. 腐蚀性

柴油的腐蚀性是指它对与其接触的金属、塑料、橡胶等制品所具有的溶胀及侵蚀作用,柴油的腐蚀性主要由其中的硫化物和有机酸等成分产生的,还有少量无机酸和碱性物质。

柴油腐蚀性的评价指标是硫含量、酸度和铜片腐蚀试验。

1) 硫化物

含硫柴油燃烧后,其燃烧产物中的二氧化硫和三氧化硫等酸性氧化物,在汽缸中与水蒸气作用生成亚硫酸和硫酸,会对缸壁、活塞等机件产生强烈的腐蚀,且在随其他燃烧废气排出时,会对排气系统造成腐蚀。含硫柴油燃烧产生的酸性硫化物窜入曲轴箱后会污染柴油机润滑油,使润滑油的某些成分变成磺酸或胶质,同时也会与柴油机润滑油中呈碱性的清净分散剂起中和反应,使润滑油失去清净分散作用而变质。使用含硫量过大的柴油还会使燃烧室、活塞顶、排气门等部位的积炭增多。含硫燃料燃烧产物中的二氧化硫和三氧化硫气体排入大气还会造成空气污染,危害人类健康。国家标准 GB 19147—2016 中规定柴油的硫含量不大于 10mg/kg。

2) 有机酸

柴油中的有机酸,不但对机件有腐蚀,还会使喷油器头部和燃烧室积炭增多,喷油泵柱塞副磨损加剧,进而导致汽缸活塞组件磨损加剧,柴油机喷油恶化,功率降低。

柴油中有机酸的含量用酸度来衡量,单位为 mg/100mL。国家标准 GB 19147—2016 中规定柴油的酸度不能超过 7mg/100mL(以 KOH 计)。

3) 铜片腐蚀试验

铜片腐蚀试验是将铜片放入密闭柴油容器内,并加热到 50℃ 浸泡 3h,然后通过与色板对比,确定铜片腐蚀等级。国家标准 GB 19147—2016 规定铜片腐蚀等级不能超过 1 级。

3. 清洁性

柴油的清洁性是指柴油中不含有机械杂质和水分,且燃烧后不产生灰分。

柴油中的机械杂质和水分一般是在运输、储存和使用过程中受外界污染而混入的。机械杂质会增大柴油机燃油供给系统中精密零件的磨损,水分会加大有机酸对金属的腐蚀,所以,应严格限制它们在柴油中的含量,国家标准 GB 19147—2016 中规定轻柴油不允许有机械杂质,水分含量不大于 0.03%(体积分数),即不大于痕迹。

灰分是指柴油燃烧后留下的无机物。灰分沉积在燃烧室中会加快汽缸壁与活塞环的磨损,所以,也应严格限制它在柴油中的含量,国家标准 GB 19147—2016 中规定灰分含量不大于 0.01%。

第二节 柴油的牌号及选用

一、柴油的牌号

根据国家标准《车用柴油》(GB19147—2016),车用柴油规格按凝点分为 5、0、-10、-20、-35 和 -50 六种牌号,分别表示凝点不高于 5℃、0℃、-10℃、-20℃、-35℃ 和 -50℃;牌号越高,凝点越低。车用柴油的具体质量指标见表 3-2 和表 3-3。

《车用柴油》(GB 19147—2016)国 V 技术要求(2017.1.1～2018.12.31 实行)　　表 3-2

项目	质量指标						试验方法
	5 号	0 号	-10 号	-20 号	-35 号	-50 号	
氧化安定性(以总不溶物计)(mg/100mL) 不大于	2.5						SH/T 0175—2004
硫含量(mg/kg) 不大于	10						SH/T 0689—2000
酸度(以 KOH 计,mg/100mL) 不大于	7						GB/T 1258—2006
10% 蒸余物残炭 b(质量分数,%) 不大于	0.3						GB/T 17144—1997
灰分(质量分数,%) 不大于	0.01						GB 508—1985
铜片腐蚀(50℃,3h,级) 不大于	1						GB 5096—1985
水含量(体积分数,%) 不大于	痕迹						GB/T 260—2016
机械杂质	无						GB/T 511—2010
润滑性(校正磨痕直径,60℃,μm) 不大于	460						SH/T 0765—2005
多环芳烃含量(质量分数,%) 不大于	11						SH/T 0806—2008
运动黏度(20℃,mm²/s)	3.0～8.0		2.5～8.0		1.8～7.0		GB/T 265—1988
凝点(℃) 不高于	5	0	-10	-20	-35	-50	GB 510—1983
冷滤点(℃) 不高于	8	4	-5	-14	-29	-44	SH/T 0248—2006
闪点(闭口,℃) 不低于	60			50	45		GB/T 261—2008
十六烷值 不小于	51			49	47		GB/T 386—2010
十六烷值指数 不小于	46			46	43		SH/T 0694—2000
馏程:50% 回收温度(℃) 不高于 90% 回收温度(℃) 不高于 95% 回收温度(℃) 不高于	300 355 365						GB/T 6536—2010
密度(20℃,kg/m³)	810～850			790～840			GB/T 1884—2000 GB/T 1885—1998
脂肪酸甲酯含量(体积分数,%) 不大于	1.0						NB/SH/T 0916—2015

《车用柴油》(GB 19147—2016)国Ⅵ技术要求(2019.1.1以后实行)　　表3-3

项　目	质量指标						试验方法
	5号	0号	-10号	-20号	-35号	-50号	
氧化安定性(以总不溶物计)(mg/100mL) 不大于	2.5						SH/T 0175—2004
硫含量(mg/kg) 不大于	10						SH/T 0689—2000
酸度(以KOH计,mg/100mL) 不大于	7						GB/T 1258—2006
10%蒸余物残炭b(质量分数,%) 不大于	0.3						GB/T 17144—1997
灰分(质量分数,%) 不大于	0.01						GB 508—1985
铜片腐蚀(50℃,3h,级) 不大于	1						GB 5096—1985
水含量(体积分数,%) 不大于	痕迹						GB/T 260—2016
润滑性(校正磨痕直径,60℃,μm)	460						SH/T 0765—2005
多环芳烃含量(质量分数,%)	7						SH/T 0806—2008
总污染物含量(mg/kg) 不大于	24						GB/T 33400—2016
运动黏度(20℃,mm²/s)	3.0~8.0	3.0~8.0	2.5~8.0	2.5~8.0	1.8~7.0	1.8~7.0	GB/T 265—1988
凝点(℃) 不高于	5	0	-10	-20	-35	-50	GB 510—1983
冷滤点(℃) 不高于	8	4	-5	-14	-29	-44	SH/T 0248—2006
闪点(闭口)(℃) 不低于	60	60	50	50	45	45	GB/T 261—2008
十六烷值 不小于	51	51	49	49	47	47	GB/T 386—2010
十六烷指数 不小于	46	46	46	46	43	43	SH/T 0694—2000
馏程:50%回收温度(℃) 不高于 90%回收温度(℃) 不高于 95%回收温度(℃) 不高于	300 355 365						GB/T 6536—2010
密度(20℃,kg/m³)	810~845	810~845	790~840	790~840	790~840	790~840	GB/T 1884—2000 GB/T 1885—1998
脂肪酸甲酯含量(体积分数,%) 不大于	1.0						NB/SH/T 0916—2015

二、柴油的选用

柴油牌号的选用原则是：必须保证其冷滤点高于使用环境的最低气温。在选用柴油时注意考虑以下几点。

1. 根据柴油使用地区风险率 10% 的最低气温选用柴油牌号

风险率为 10% 的最低气温应高于柴油的冷滤点。具体各牌号柴油的适用地区见表 3-4。

各牌号柴油的适用地区　　　　　表 3-4

牌号	适用温度范围
5	适用于风险率为 10% 的最低气温在 8℃ 以上地区使用
0	适用于风险率为 10% 的最低气温在 4℃ 以上地区使用
-10	适用于风险率为 10% 的最低气温在 -5℃ 以上地区使用
-20	适用于风险率为 10% 的最低气温在 -14℃ 以上地区使用
-35	适用于风险率为 10% 的最低气温在 -29℃ 以上地区使用
-50	适用于风险率为 10% 的最低气温在 -44℃ 以上地区使用

2. 在气温允许的情况下尽量选用高牌号柴油

由于低牌号柴油凝点低，其炼制工艺复杂、生产成本高，所以其价格也比高牌号柴油贵；且柴油中凝点越低的成分燃烧性越差，使着火延迟期变长，易发生工作粗暴现象。所以选用牌号时在气温允许的情况下应尽量选用高牌号柴油，才能真正做到既经济又实用。

3. 注意季节气温变化对用油的影响

在季节气温变化较大的地区，如新疆、黑龙江、内蒙古等，应特别注意季节气温变化对用油的影响，及时改变用油牌号，防止因柴油不能供往汽缸而使汽车失去行驶能力。

复习思考题

1. 柴油的使用性能有哪些？
2. 柴油低温流动性的评价指标有哪些？
3. 什么是柴油的十六烷值？柴油的十六烷值多大适合？
4. 柴油是如何编号的？如何选用柴油？

第四章　汽车代用燃料

在全世界范围内,汽车目前的主要燃料是汽油和柴油,它们都是从石油中提取出来的。但由于石油分布不均、储量有限,是不可再生能源,且易引起能源争夺、战争冲突,还会造成空气污染、气候变暖,因此人们不得不尽快寻找其他代用燃料。开发汽车替代能源、完成汽车能源的顺利过渡,是目前全世界汽车工业亟待解决的重要问题。

良好的汽车代用燃料必须具备下列要求:
(1)资源丰富,价格合适,能满足汽车的大量需求。
(2)燃料的热值能够满足内燃机动力性能的需要。
(3)能够满足车辆起动性能、行驶性能及加速性能等方面的要求。
(4)能量密度较高,保证汽车有足够的续驶里程。
(5)对发动机结构变动小,技术上可行。
(6)储存、运输、加注方便,使用安全可靠。
(7)能适应现有的燃料储运分配系统。
(8)对人类健康、环境保护及安全防火等无有害影响。
(9)对发动机的寿命及可靠性没有不良影响。

经世界各国科学家们的共同努力,目前已研究较成熟的汽车代用燃料主要有:天然气、液化石油气、醇类、生物柴油、电能。此外,还有氢气、可燃冰、核能等。

第一节　天　然　气

天然气的缩写为 NG(Natural Gas),它是存在于地下岩石储集层中以烃为主体的混合气体的统称。天然气的主要成分是烷烃,烷烃中甲烷(CH_4)占绝大多数(85%~95%),另有少量的乙烷、丙烷和丁烷,还有极少量的硫化氢、二氧化碳、氮、水汽、一氧化碳和稀有气体(如氦和氩)。天然气不溶于水,比空气轻,相对密度约为0.65,无色、无味、无毒。

以天然气代替汽车用油,具有价格低、污染小、安全等优点。天然气的排放污染远小于煤炭和燃油,是一种清洁、高效的汽车代用燃料,其开发利用越来越受到世界各国的重视。全球范围来看,天然气资源量要远大于石油,因此利用天然气作为汽车燃料具有足够的资源保障。

1. 天然气的优点
(1)储量丰富。地球上天然气储量远大于石油,因此在今后相当长的时间内有充足保障。

(2) 排放污染小。天然气是碳氢原子比最小的烃类化合物,以燃烧产生相同热量计算,产生的 CO 可比燃用汽油、柴油降低 15%~50%。天然气易与空气混合,燃烧完全,HC 的排放量明显减少。天然气火焰温度相对较低,NO_x 排放量也会减少。

(3) 辛烷值高。有利于提高压缩比,从而提高热效率。

(4) 经济性好。与汽油、柴油相比,天然气价格低廉,燃烧干净。

(5) 安全性好。一是燃点高,天然气的自燃温度高达 650~680℃,远高于汽油的 228~471℃ 和柴油的 200~300℃;二是发火难,天然气的发火界限范围为 5%~15%(汽油为 1.3%~7.6%);三是难以形成点燃浓度,即使发生漏气现象,因其比空气轻,在空气中遇风就被驱散,要形成被点燃的浓度比汽油难很多;四是储存严格,压缩天然气储存在经专门设计加工、高强度的气瓶内,传输和加注均是在严格封闭的管道中进行的,相对汽油比较安全。

(6) 技术成熟。天然气开采和使用技术目前已十分成熟,特别是在城市公交车、出租车上使用天然气越来越多。

2. 天然气的缺点

(1) 天然气属非再生能源,不能作为终极代替能源。

(2) 天然气储运不便。

(3) 新建加气站网络要求投资强度大。

(4) 气态天然气的能量密度较小。

(5) 动力性有所下降。

(6) 单独以天然气为燃料时,需要设计专门的发动机。

我国汽车用压缩天然气标准为《车用压缩天然气》(GB 18047—2000)。

3. 天然气汽车发展状况

天然气汽车从 20 世纪 30 年代起发展至今,已有 80 多年的历史,特别是经过近些年的发展,技术已十分成熟。先进的电子技术和机械制造技术使天然气汽车的安全性和控制性能得到充分保证,加一次天然气的续驶里程由过去的 50~70km 提高到现在的 300~400km;天然气汽车气瓶质量和加气站的体积大为减小;给汽车加注天然气同加注汽油一样方便,快速充气仅需 2~5min。随着天然气汽车的发展,天然气汽车加气站逐渐形成网络。特别是在城市出租车、公交车领域,天然气汽车得到了长足发展。

近年来,许多国家为改善人类生存环境都在积极研制新型的天然气汽车。在一辆将燃油汽车略作改进的天然气汽车上,配置一个重 50kg 可盛装 35kg 天然气的气罐,就可在普通公路上行驶 200km。这种汽车比燃油汽车节省 40% 的燃料,排出的废气中不含任何有害物质,可称得上是"干净清洁"的汽车,此外,因其机件磨损少,发动机的寿命得到相应提高。

第二节 液化石油气

液化石油气缩写为 LPG(Liquefied Petroleum Gas),是石油加工的副产品,也可由天然气或油田伴生气加压降温液化而成,它是以丙烷(C_3H_8)、丁烷(C_4H_{10})和丁烯(C_4H_8)为主要成分的碳氢化合物的混合物。车用液化石油气必须保证其使用安全性、抗爆性、良好的起动性和排放性等。我国的相关标准是《汽车用液化石油气》(SY/Y 7548—1998)。液化石油气与汽油、柴油以及天然气的理化特性比较见表4-1。

天然气、液化石油气与汽油、柴油的理化特性比较　　　　表4-1

特　性	汽油	柴油	天然气	液化石油气
物理状态	液态	液态	气态	气态
汽车上的存储状态	液态	液态	气态或液态	液态
在常压下的沸点(℃)	30~220	180~370	-161.5	-0.5
低热值(MJ/kg)	44.52	43	49.54	45.31
汽化潜热(kJ/kg)	297	—	510	丙烷:-41;丁烷:0~2
辛烷值(RON)	91	—	120	94
十六烷值	27	40~60	—	—
自燃点(℃)	260	—	700	丙烷:358.2;丁烷:373.2
最低点火能量(MJ)	0.25~0.3	—	—	—
分子量	100~115	180~226	16	丙烷:41;丁烷:58
在空气中的可燃范围比(%)	1.3~7.6	—	5~15	—

1. 液化石油气的优点

(1) 比汽油、柴油污染小。

(2) 储存、运输比较方便。

(3) 制取及使用技术成熟。

(4) 液化石油气辛烷值较高。

2. 液化石油气的缺点

(1) 液化石油气属非再生能源,并且其资源没有天然气丰富。

(2) 与汽油、柴油相比动力性有所下降。

(3) 单独以液化石油气为燃料时,需设计专门的发动机。

第三节　醇类燃料

醇类燃料主要指甲醇和乙醇。醇类材料来源广泛,制取方式较多,制取技术成熟。甲醇可以从煤炭、天然气、煤层气、可再生生物资源、分类垃圾等原料中制取;乙醇制取的主要原料是含糖、含淀粉、含纤维素的农作物原料,如甘蔗、甜菜、玉米、土豆、秸秆、木屑等。甲醇和乙醇都属有机化合物,是无色透明、易挥发的可燃液体。

1. 醇类燃料的优点

(1) 来源有长期保障,储运方便。

(2) 甲醇(乙醇)的辛烷值较高,抗爆性好。

(3) 比汽油、柴油含氧量高,燃料时所需的氧气少。

(4) 现有汽油发动机使用醇类燃料可不作改动。

(5) 原材料来源广泛。

2. 醇类燃料的缺点

(1) 热值低,导致动力较小。

(2) 甲醇的毒性较大,且对金属及橡胶件有腐蚀作用。

(3) 醇混合燃料容易发生分层。

(4) 制取成本较高。

甲醇、乙醇与汽油和柴油的理化特性比较见表4-2。

甲醇、乙醇与汽油和柴油的理化特性比较 表4-2

性 质	甲 醇	乙 醇	汽 油	柴 油
化学式	CH_3OH	C_2H_5OH	C_{4-12}烃合物	C_{16-23}烃合物
相对分子量	32	46	95~120	180~200
碳(%)	37.5	52.5	85~88	86~88
氢(%)	12.5	13	12~15	12~13.5
氧(%)	50	34.8	0	0~0.4
C/H	3	3.971	5.6~7.4	6.4~7.2
密度(20℃,kg/L)	0.792	0.7893	0.72~0.78	0.82~0.86
沸点(℃)	64.8	78.5	30~200	175~360
凝固点(℃)	-98	114	-57	-1~-4
黏度(20℃,mPa·s)	0.6	1.2	0.65~0.85	3.0~8.0
低热值(MJ/kg)	20.26	27.2	44.52	43
汽化潜热(kJ/kg)	1109	904	290~315	230~250
辛烷值或十六烷值	112(RON)	111(RON)	91(RON)	40~55
闪点(℃)	11	21	-45	-75
比热容(20℃,kJ/kg)	2.55	2.72	2.3	1.9
理论混合气热值(MJ/kg)	3.56	3.66	3.82	3.36
电导率(20℃,S/m)	4.4×10^{-5}	1.35×10^{-7}	—	1×10^{-13}
溶解水	—	∞	0	0

3. 醇类燃料在汽车上的使用方式

1) 掺烧

掺烧是醇类燃料在汽车上的主要应用方式,称为甲醇汽油或乙醇汽油。在混合燃料中,甲醇或乙醇的容积比例分别以MX或EX表示,例如甲醇占20%则表示为M20,乙醇占10%则表示为E10。

甲醇汽油是将甲醇和汽油以一定比例混合而形成的一种车用燃料。在成品油里添加20%甲醇,制成车用混合燃料,可以在不改变发动机结构及参数的情况下替代成品油应用于各种发动机上,而且可以随时和成品油换用,灵活方便。使用甲醇混合燃料可以使汽车排气中有害排放物明显降低,例如汽油机使用甲醇汽油,与汽油相比CO排放减少15.7%~90%,HC比汽油减少21.0%~93.5%;柴油机汽车排气中的一氧化碳比使用成品油降低79%、氮氧化合物降低31%、排气烟度下降86%,是国内外公认的清洁能源。由于甲醇汽油或柴油消耗汽油或柴油少,有利于节约能源,环保效果又突出,且价格便宜,因此目前已在全国多个省份推广使用,在一定范围内实现了部分替代石油产品。

在国际上,美国和巴西等国应用乙醇汽油已有40年的历史。这些国家推广使用这种汽油的主要目的,就是为了解决粮食生产大国"陈化粮"的出路问题,有效解决玉米等粮食转化问题,为部分品种的粮食工业化利用提供了一个很好的途径,同时也能有效缓解石油资源短缺的问题。乙醇汽油的使用,有利于缓解我国对国际原油的依赖,是一项战略性举措。另外,乙醇汽油含氧量高,烯烃含量低,燃烧后释放的一氧化碳少,对大气的污染小,有利于环境保护。

2) 纯烧

纯烧就是单一燃烧醇类燃料,这种燃烧方式必须对发动机系统进行改进,以使混合气的形成装置与醇类燃料较低的热值及减少的空气需要量相适应。因此,单一燃用醇类燃料应加大输油泵的供油能力,以避免气阻;加大燃料箱尺寸,保证必要的续驶里程;采用高压缩比以充分利用醇类高辛烷值的特性;选择适宜的火花塞及火花塞间隙;压缩比提高后,宜采用冷型花火塞;改善相关零件的抗腐蚀性和抗溶胀性等。

4. 燃用醇类燃料注意事项

(1) 醇类燃料是一种溶剂,发动机使用初期,燃油系统零部件、油路和燃油管壁上的沉积物会剥落,导致滤清器堵塞,一些黑色金属和有色金属将腐蚀。应进行橡胶长时间浸泡试验及耐腐蚀试验。

(2) 长期使用掺醇汽油,润滑油酸值和黏度将会增加,在发动机进气系统部件中,易产生油垢,导致拉缸。应在润滑油中添加清洁剂及中和酸性物质的添加剂。

(3) 使用掺醇汽油后,发动机动力性将有所下降。为了弥补这个缺点,可适当提高压缩比和加大点火提前角,对电喷发动机进行匹配,延长喷油时间。

(4) 醇类的汽化潜热比汽油高,在寒冷地区会使混合气燃料难以汽化,不易起动。

(5) 容易产生分层现象,使醇类汽油的均匀性变差,影响燃油的品质。

(6) 不能用甲醇汽油清洗零部件、衣物及长时间接触皮肤。

第四节 生 物 柴 油

生物柴油是以植物油脂、动物油脂或废食用油为原料酯化而成的可再生能源,一般是以油料作物,如大豆、油菜、棉、棕榈和野生油料植物油加工制取的一种新型燃料。柴油分子是由15个左右的碳链组成,而植物油分子则一般由14~18个碳组成,与柴油分子的碳数相近,属同类型燃料。生物柴油是一种脂肪酸甲酯,它是通过不饱和油酸 C_{18} 为主要成分的甘油酯分解而获得的,可与石油柴油以任意比混合,制成生物柴油混合燃料。与常规柴油相比,生物柴油使用时柴油机不需作改动,且具有以下优点:

(1) 环保性能好。生物柴油中硫含量低,使得二氧化硫和硫化物的排放可减少30%~70%;生物柴油中不含对环境会造成污染的芳香族烷烃,因而废气对人体损害低于柴油;生物柴油含氧量高,使其燃烧时排烟少,CO的排放与柴油相比减少约10%(有催化剂时为

95%);生物柴油的生物降解性比柴油高。检测表明,与普通柴油相比,使用生物柴油可降低90%的空气毒性,降低94%的患癌率。

(2)低温起动性能好。主要原因是生物柴油比柴油具有更低的凝点。

(3)润滑性能好。使高压油泵、发动机缸体和连杆的磨损率低,使用寿命长。

(4)安全性能好。由于闪点高,生物柴油不易着火;且不属于危险品,因此运输、储存、使用更方便。

(5)燃烧性能好。生物柴油十六烷值高,使其燃烧性好于柴油,燃烧残留物呈微酸性使催化剂和发动机机油的使用寿命延长。

(6)具有可再生性能。不像石油那样储量有限,它是一种可再生能源,因此供应量不会枯竭。

生物柴油的缺点是对橡胶有破坏作用,黏度较大,氧化安定性差。

生物柴油由于竞争力不断提高、政府的扶持和世界范围内汽车车型柴油化的趋势加快而前景更加广阔。

第五节 氢 气

氢气作为汽车燃料的办法是:先利用氢气作为燃料电池发出电能,再用电能驱动汽车行驶。

氢气作为一种清洁、高效和丰富的新能源已渐为世人所共识。用氢气能替代汽油、柴油具有以下优点。

(1)清洁。氢气燃烧过程中只产生水,对环境没有任何污染,实现真正的"零排放"。

(2)储能高。燃烧1g氢可以放出140kJ的热量,约为燃烧1g汽油放热的3倍。

(3)使用效率高。采用催化燃烧氢气燃烧产热,比常规化石燃料的热效率高10%~15%;用于发动机产生动力,比汽油效率高15%~25%。

(4)来源丰富。占地球表面71%的水中含有大量的氢,资源非常丰富。

(5)用途广泛。用氢代替煤和石油,不需对现有的技术装备作重大的改造,现在的发动机稍加改装即可使用。还可用于燃料电池,或转换成固态氢用作结构材料。

氢燃料车的缺点:氢燃料电池成本过高,导致氢燃料车的成本太高;氢燃料的存储和运输技术条件要求太高,难以解决;氢气的制取需要通过电解水,这同样需要消耗大量能源,产生污染。

氢燃料电池车的工作原理是:将氢气送到燃料电池的阳极板(负极),经过催化剂(铂)的作用,氢原子中的一个电子被分离出来,失去电子的氢离子(质子)穿过质子交换膜,到达燃料电池阴极板(正极),而电子是不能通过质子交换膜的,这个电子,只能经外部电路,到达燃料电池阴极板,从而在外电路中产生电流。电子到达阴极板后,与氧原子和氢离子重新结合为水。由于供给阴极板的氧,可以从空气中获得,因此只要不断地给阳极板供应氢,给阴极板供应空气,并及时把水(蒸汽)带走,就可以不断地提供电能。燃料电池发出的电,经逆变器、控制器等装置,给电动机供电,再经传动系统、驱动桥等带动车轮转动,就可使车辆在路上行驶。与传统汽车相比,燃料电池车能量转化效率高达60%~80%,为内燃机的2~3倍。

燃料电池的燃料是氢和氧,生成物是清洁的水,它本身工作不产生一氧化碳和二氧化碳,也没有硫和微粒排出。因此,氢燃料电池汽车在工作时是零排放、零污染的(但为了制取氢气还是会产生污染的)。

氢燃料电池与普通电池的区别主要在于:干电池、蓄电池是一种储能装置,是把电能储存起来,需要时再释放出来;而氢燃料电池严格地说是一种发电装置,像发电厂一样,是把化学能直接转化为电能的电化学发电装置。另外,氢燃料电池的电极用特制多孔性材料制成,这是氢燃料电池的一项关键技术,它不仅要为气体和电解质提供较大的接触面,还要对电池的化学反应起催化作用。

氢的化学特性活跃,它可同许多金属或合金化合,这些金属或合金吸收氢之后,便形成金属氢化物,其中有些金属氢化物的氢含量非常高,甚至高于液氢的密度,而且这些金属氢化物在一定温度条件下会分解,并把所吸收的氢释放出来,这就构成了一种良好的储氢材料。

氢燃料电池车的优势毋庸置疑,劣势也是显而易见。随着科技的进步,曾经困扰氢燃料电池发展的诸如安全性、储存技术等问题已经逐步攻克并不断完善。氢燃料电池要走上商业化道路,最大的阻碍:一是高昂的成本问题,目前氢动力汽车的制造成本远高于普通汽车;二是还没有找到十分成熟的成本低、无污染、安全可靠的大规模制取氢气的技术。

因此,用氢气作为汽车代用燃料,目前的关键是亟待寻求经济有效、安全环保、可以实现工业化生产的制氢技术。

第六节 电 能

电能作为代用燃料驱动汽车,顾名思义就叫"电动汽车"。大部分车辆直接采用电动机驱动,有一部分车辆把电动机装在发动机舱内,也有一部分直接以车轮作为四台电动机的转子,其难点在于电力储存技术。由于电力可以从多种一次能源获得,如煤、水力、风力、太阳能、热能、核能等,改善了人们对石油资源的过分依赖。电动汽车还可以充分利用晚间用电低谷时富余的电力充电,有利于电网均衡负荷,大大提高其经济效益。有关研究表明,同样的原油经过粗炼,送至电厂发电,经充入电池,再由电池驱动汽车,其能量利用效率比经过精炼变为汽油再驱动汽车的效率要高,有利于节约能源和减少二氧化碳的排放。正是这些优点,使电动汽车的研究和应用成为汽车工业的一个"热点"。对于电动车而言,最大的障碍就是基础设施的配套,而这不是一家企业能解决的,需要各企业联合起来与当地政府部门一起建设,才会有大规模推广的机会。

电动汽车的优点主要是:技术相对简单成熟,只要有电力供应的地方都能够充电;电动汽车不产生排气污染,几乎是"零污染";电动汽车的噪声远比内燃机的噪声小;电动汽车较内燃机汽车结构简单,运转、传动部件少,维修工作量小。

电动汽车的缺点主要有:蓄电池单位质量储存的能量太少,制造成本高,续驶里程小。

我国自2014年以来加大了对电动汽车的开发投资,开始大力发展电动汽车,工信部2016年8月12日发布《新能源汽车生产企业及产品准入规则》,进一步规范了电动汽车的准入标准,确立了我国以纯电驱动为新能源汽车发展的主要战略取向,是我国汽车工业跨越发展的战略选择。

太阳能电动汽车是利用再生能源的一个好办法,目前还处于实验改进阶段。与传统汽车相比,太阳能汽车已经没有发动机、底盘、驱动、变速器等构件,而是由电池板、储电器和电动机组成,但因其造价昂贵、动力受太阳照射时间限制及承载能力差等缺点,目前还无法普及。太阳能汽车由于其零污染、能源用之不竭,代表了汽车发展的未来新水平,因此被人们称为"未来汽车"。

第七节 可 燃 冰

天然气水合物,俗称"可燃冰",它分布于深海沉积物或陆域的永久冻土中,是由天然气与水在高压低温条件下形成的类冰状的结晶化合物,因其外观像冰一样而且遇火即可燃烧,所以又被称作"固体瓦斯"或"气冰"。可燃冰化学式为$CH_4 \cdot 8H_2O$,其中甲烷含量占80%~99.9%,密度为0.9 G/cm^3,1m^{3}可燃冰可以分解释放出160m^{3}以上的天然气,同等条件下,可燃冰燃烧产生的能量比煤、石油、天然气要多出数十倍,而且燃烧后不产生任何残渣和废气,对环境几乎没有污染,是世界公认的一种清洁高效的未来替代能源,极具开发价值。

地球上可燃冰储量巨大,据预测其资源量相当于煤、石油、天然气总和的两倍以上,仅我国海域预测远景资源量就达到800亿t油当量,世界资源量约为2100万亿m^3,可供人类使用1000年。可燃冰的最大特点就是能量密度高、占用体积小。例如,一辆以天然气为燃料的汽车,如果一次加100L天然气能跑300km,那么加入相同体积的可燃冰,这辆车就能跑5万km。因此,可燃冰非常适合用作汽车燃料,而且其汽车发动机的结构与天然气汽车是相同的,无需再开发新的发动机。

全球海底可燃冰的甲烷总量大约是地球大气中甲烷总量的3000倍,如果开采不慎导致甲烷气体的大量泄漏,将可能引发强烈的温室效应。如何安全、经济地开采可燃冰,并且从中分离出甲烷气体,依然是目前各国研究和利用可燃冰的核心难题。2017年5月,我国首次在南海试采可燃冰成功,为解决人类能源危机迈出了重要一步。

科学家估计,海底可燃冰分布的范围约占海洋总面积的10%,相当于4000万km^2,是迄今为止海底最具价值的矿产资源。可燃冰是天然气的固体状态(因海底高压),它的主要成分是甲烷分子与水分子。它的形成与海底石油的形成过程相仿,而且密切相关。埋于海底地层深处的大量有机质在缺氧环境中,厌气性细菌把有机质分解,最后形成石油和天然气(石油气)。其中许多天然气又被包进水分子中,在海底的低温与压力下又形成"可燃冰"。这是因为天然气有个特殊性能,它和水可以在温度2~5℃内结晶,这个结晶就是"可燃冰"。因为主要成分是甲烷,因此也常称为"甲烷水合物"。在常温常压下它会分解成水与甲烷,"可燃冰"可以看成是高度压缩的固态天然气。外表上看它像冰霜,从微观上看其分子结构就像一个一个由若干水分子组成的笼子,每个笼子里"关"一个气体分子。目前,可燃冰主要分布在东、西太平洋和大西洋西部边缘,是一种极具发展潜力的新能源,但由于开采困难,海底可燃冰至今仍原封不动地保存在海底和永久冻土层内。

可燃冰的开采有很大的困难和危险性。天然气水合物中的甲烷,其温室效应为CO_2的20倍,温室效应造成的异常气候和海面上升正威胁着人类的生存。全球海底天然气水合物中的甲烷总量约为地球大气中甲烷总量的3000倍,若稍有不慎,让海底天然气水合物中的甲烷气逃逸到大气中去,将产生无法想象的后果,使全球温室效应问题更趋严重。

收集海水中的气体是十分困难的,海底可燃冰属大面积分布,其分解出来的甲烷很难聚集在某一地区内收集,而且一离开海床便迅速分解,容易发生喷井意外。此外,海底开采还可能会破坏地壳稳定平衡,造成大陆架边缘动荡而引发海底塌方,甚至导致大规模海啸,带来灾难性后果。

第八节 核 能

核能作为燃料驱动汽车就叫"核动力汽车"。核能分为核裂变能和核聚变能两种,核裂变能是通过一些重原子核发生"链式裂变反应"释放出的能量,迄今达到工业应用规模的只有核裂变能。目前所有核电站的原理,都是利用铀等大原子量重元素原子核的裂变,来释放巨大能量的。但核裂变能还是不太理想,一是其原料铀在地球上储量有限,仅够满足人们数百年之用;二是其具有强辐射作用,一旦泄漏对人类危害极大,如苏联的切尔诺贝利核电站和日本的福岛核电站泄漏事故就是如此。

美国福特汽车公司于1957年生产了世界上第一辆核动力汽车概念车,名为Nucleon。安装在两个后轮之间的核反应堆以铀元素的核裂变为能源,先把水变成高压蒸汽,再推动涡轮叶片转动,通过涡轮轴驱动汽车。该车的续驶里程可达8000km,核燃料耗尽之后再重新补充。

人类历史上第二辆核动力汽车是凯迪拉克于2009年1月推出的核动力概念车WTF,WTF(World Thorium Fuel)的意思是"钍燃料"。钍是一种放射性的金属元素,在核反应中可以转化为原子燃料铀-233。钍在地球上的储量非常丰富,地球上的钍所储藏的能量,比铀、煤、石油和其他燃料的总和还要多。

核聚变能是由两个氢原子核结合在一起释放出的能量。核聚变又称"热核反应",氢的同位素氘是主要的核聚变材料,氘以重水的形式存在于海水中,氘的含量占氢的0.015%。1L海水中的氘通过核聚变释放出的能量相当于300L汽油燃烧释放出的能量,全世界海洋中所含的氘通过核聚变释放的能量,可供人类在很高的消费水平下使用50亿年。

核聚变反应中几乎不存在放射性污染,无需担忧失控,不会发生爆炸,是一种真正无限、清洁、成本低廉和安全可靠的新能源。有人预计在21世纪中叶前后人类就会利用核聚变能来发电。在石油、天然气、煤炭能源枯竭时,核能微量化是一种必然的趋势。

核能用作汽车燃料的关键是要实现常温下的可控核聚变,而且可控核聚变反应堆要小型化才能用于汽车上。我国在可控核聚变反应堆方面的研究目前处于国际一流水平,国内的"人造太阳"实验项目也取得了很大的突破。可以展望,如果常温下的可控核聚变这一技术获得成功,那么人们将能非常简便地获得价格低廉、取之不尽、用之不竭的清洁能源。

 复习思考题

1. 汽车代用燃料必须具备哪些要求?
2. 天然气用作汽车燃料有何优缺点?
3. 醇类燃料用于汽车有何优缺点?
4. 氢气作为汽车代用燃料有何特点和困难?
5. 电动汽车有何优缺点?
6. 可燃冰能否用作汽车燃料?
7. 核能用于汽车上的关键技术是什么?

第五章　发动机润滑油

由于发动机在工作过程中温度变化大、承受压力高、零部件运转速度快,使得发动机各零部件的工作条件非常苛刻。在这种情况下,如果得不到可靠良好的润滑,发动机零部件的摩擦和磨损将相当严重,从而极大地缩短发动机工作寿命。为了减小发动机零部件的磨损,延长发动机使用寿命,就必须对发动机进行润滑。

第一节　摩擦、磨损和润滑

一、摩擦

摩擦就是指两个互相接触的物体有相对运动或相对运动趋势时,在接触界面上出现阻碍相对运动的现象。摩擦对机器设备是非常有害的,它会产生三个后果:磨损、噪声和热量,磨损是其中最严重的一个。

摩擦的类别取决于摩擦条件,可分为干摩擦、边界摩擦、流体摩擦和混合摩擦。

1. 干摩擦

两接触表面之间没有润滑剂的摩擦称为干摩擦。其特点是摩擦力大,磨损严重,发热量大,会使零件寿命大大缩短。因此,除要利用摩擦作用来工作(如带传动、离合器、制动器等)的情况外,都应尽量避免出现干摩擦。

2. 边界摩擦

两个摩擦表面由于润滑油和金属表面产生物理化学作用,金属表面会吸附一层极薄的称之为边界膜的油膜(小于 $0.2\mu M$)将其大部分覆盖,但因边界膜很薄、强度低,两摩擦表面仍有可能直接接触,这种在边界膜状态下的摩擦称为边界摩擦。这种摩擦的特点是,由于边界膜的作用,摩擦系数大大降低,磨损也比干摩擦状态显著减小,但它并未达到最好的润滑状态。

3. 流体摩擦

两个摩擦表面被一层连续足够厚度(一般大于 $1.5\mu M$ 直到几十微米)的油膜隔开,这种润滑状态称为流体润滑,又称液体润滑。其特点是摩擦系数和摩擦力都很小,理论上几乎无磨损,是一种最理想的润滑状态,可显著延长零件的使用寿命。

4. 混合摩擦

混合摩擦是介于边界摩擦和流体摩擦之间的一种摩擦,其润滑状态称为混合润滑。混合摩擦对磨损的影响也介于边界摩擦和流体摩擦之间。

二、磨损

磨损是指有相对运动(或趋势)的零件工作表面的物质,由于摩擦而不断损耗的现象。据统计,汽车零件的75%是因为表面磨损导致工作性能下降而报废的。按照磨损的机理,磨损可分为磨粒磨损、粘着磨损、疲劳磨损和腐蚀磨损等4种主要类型,此外还有微动磨损、过度磨损等。

1. 磨粒磨损

磨粒磨损是指在相互摩擦的两表面间,由于硬质颗粒的存在而引起零件表面磨损的现象。磨粒磨损将会在材料表面划出沟槽,其磨损程度随运动速度、载荷、磨粒硬度等的增大而加剧。减小磨粒磨损的主要措施是防止外来磨粒进入和防止摩擦表面间产生磨粒。

2. 粘着磨损

粘着磨损是指在相互摩擦的两表面之间,由于温度较高,使摩擦表面的金属局部熔化发生转移粘附在相接触的零件表面的现象。粘着磨损将会在零件表面形成麻点或鳞尾状磨痕。严重的粘着磨损会产生零件表层金属内部撕裂,引起摩擦表面咬粘,即两摩擦表面粘附在一起,导致相对运动中止,造成机械事故,曲轴烧瓦和发动机拉缸即属此类。减少粘着磨损的主要措施包括采用科学的磨合工艺、按规定要求强化材料表面、选择合适的表面粗糙度、保持良好的润滑等。

3. 疲劳磨损

疲劳磨损是指在周期性载荷长期作用下,相互接触的零件表面产生塑性变形及应力集中,导致形成微观裂纹,随摩擦进程的延续,微观裂纹进一步扩大并交织在一起,最后围成面积而剥落的现象。疲劳磨损将在材料表面形成麻点、裂纹甚至微片剥落。疲劳磨损是汽车滚动轴承、齿轮及凸轮等零件的主要磨损形式。

减少表面疲劳磨损的措施首先要提高材料的纯洁度;其次零件表面应尽量光洁;还可在零件制造时采取表面处理,如渗碳和渗氮等表面强化工艺,以提高其表面强度。

4. 腐蚀磨损

腐蚀磨损是指因材料与周围介质发生化学或电化学反应,而引起零部件表面材料损失的现象。腐蚀磨损根据其介质性质等的不同可分为氧化磨损、特殊介质腐蚀磨损和穴蚀等三种形式。

减小腐蚀磨损的主要措施包括选用耐腐蚀性强的材料、对材料表面进行不同的处理(如表面挤压、表面淬火、碳氮共渗、表面喷钼)及正确的使用维护等。

三、润滑

润滑是为了降低两个相对运动的接触面间的摩擦与磨损。润滑的最理想状态是在摩擦副间建立流体摩擦,以最大限度地减少机械的磨损。良好的润滑能提高机械效率,保证机械长期可靠的工作,节约能源。润滑不良的机械,轻则功率降低,磨损增大,重则使机械损坏。据估计,世界能源的1/3~1/2最终以各种不同形式的摩擦消耗掉。因此,改进润滑工作,降低机械的摩擦损失,对节约能源有着重大的意义。润滑可分为四种形态:流体润滑、弹性流体润滑、边界润滑和混合润滑。

1. 流体润滑

当物体之间的接触面被润滑油膜完全隔开时,此时的润滑称流体润滑。流体润滑时,物体之间的摩擦面没有直接接触,因此摩擦仅发生在润滑油之间,运动阻力仅由润滑油分子间的吸引力(内聚力)形成,摩擦系数取决于润滑油的黏度,因而摩擦系数很小,一般在 0.001~0.01 的范围内,流体润滑是最理想的润滑方式。

2. 边界润滑

边界润滑是指两摩擦面之间存在一层由润滑剂构成的边界膜时的润滑。液体润滑摩擦阻力小,但必须在润滑油黏度与运动零件的转速、负荷配合适当的条件下才能实现。在负荷增大或黏度、转速降低的情况下,液体油膜将会变薄,当油膜厚度变薄到小于摩擦面微凸体的高度时,两摩擦面较高的微凸体将会直接接触,其余地方被一薄层油膜隔开,这时摩擦系数增大到 0.05~0.15,并出现能控制住的有限磨损,这种情况就属于边界润滑。边界润滑时的减摩抗磨作用大小主要取决于润滑油添加剂的性能和摩擦面间形成的边界膜(吸附膜或化学反应膜)的厚度。

3. 混合润滑

混合润滑介于边界润滑和流体润滑之间,是在实际润滑中最常见的一种中间润滑状态。在实际润滑过程中,当连续润滑膜局部破裂时,由流体润滑区向混合润滑区过渡,当油膜厚度下降到流体润滑膜的下限,且不能形成完整的连续膜时,则为混合润滑状态。

4. 无润滑

无润滑又称干摩擦,其摩擦表面之间不存在任何润滑油,润滑作用已不复存在,载荷由零件表面的氧化膜或金属基体直接承受。

第二节　发动机润滑油的主要作用和润滑方式

汽车发动机润滑油简称机油,由于发动机工作条件非常苛刻,因此对机油的要求较高,其性能应符合一系列要求。机油在发动机中所起的作用也不只是润滑作用,同时还有冷却、清洁、密封、防锈防腐和减振的作用。

一、润滑油的主要作用

1. 润滑作用

发动机工作时转速很高,活塞与缸壁、曲轴与轴瓦等处配合紧密,这些部位如果得不到充分可靠的润滑,将会形成干摩擦,短时间内产生的热量足以使金属熔化,造成机件的粘着磨损,严重者甚至导致拉缸、烧瓦现象的发生。因此机油的首要任务是在相互运动的零件表面间建立一层足够厚度的润滑油膜,形成流体润滑,减小零部件的摩擦和磨损。

2. 冷却作用

高速工作的发动机会产生大量的热量,一方面是燃料燃烧产生的,另一方面是金属件的摩擦产生的,这些热量都必须排出机外,否则,发动机会因温度过高而损坏。在发动机工作时,热量分别通过冷却系统和润滑系统带走。循环流动的润滑油可以不断地从汽缸、活塞、曲轴等摩擦表面将其吸收或摩擦产生的热量带走,使这些部位保持正常温度。

3. 清洁作用

发动机工作时,循环流动的机油可以冲洗和清除摩擦表面,带走零件摩擦产生的磨削和燃烧形成的积炭等杂质,这些杂质回到曲轴箱内再通过机油滤清器将其滤掉,在这里与进气系统吸入发动机的灰尘、机油氧化形成的胶质等杂质结合在一起就形成了油泥,这些油泥最终会沉积在油底壳内,避免了各种杂质进入到润滑部位形成磨粒磨损。

4. 密封作用

发动机各摩擦副如活塞和缸壁之间、活塞环与环槽之间都有一定的间隙,这些间隙如果得不到很好的密封,就会导致燃烧室窜气,使缸压降低,发动机输出功率下降,排放污染物增大。同时,燃烧气体进入油底壳,还会造成机油稀释和污染变质,使机油的各种性能大打折扣。机油通过其黏性在上述间隙处形成油封,可防止窜气。单从密封性能来讲,高黏度机油比低黏度机油的密封性要好。

5. 防锈防腐作用

发动机运转和存放时,大气中的水分及燃烧产生的大量酸性气体窜入曲轴箱中,对发动机零部件产生锈蚀和腐蚀作用,造成机件损坏。机油能吸附在机件表面,使机件与有害气体隔绝,防止水和酸性物质对金属的锈蚀和腐蚀。普通机油防锈防腐作用较弱,加有防锈保护剂的机油,能吸附于零件表面,在零件表面形成一层保护膜,可有效防止有害气体和水对机件的氧化、锈蚀和腐蚀。

6. 减振作用

润滑油能够帮助轴承和发动机零件消除冲击载荷。每当发动机起动、加速以及负荷增加时,各连接部位须承受很大的冲击和振动作用,在机件表面吸附着的具有一定厚度的油膜,可在一定程度上吸收部分冲击能量,起到缓和冲击和减小振动的作用,从而减少了机件的疲劳磨损,提高了机件的使用寿命。

二、发动机的润滑方式

1. 压力润滑

压力润滑就是用机油泵以一定压力将机油通过油道输送到零件摩擦间隙中进行润滑的方式。压力润滑主要针对承受负荷大、相对运动速度高的摩擦表面,如曲轴主轴承、连杆轴承、凸轮轴轴承、液压挺杆和气门摇臂轴(位置高,机油飞溅不到)等部位。

2. 飞溅润滑

飞溅润滑是指依靠运动零件旋转时飞溅起来的油滴或油雾对摩擦部位进行润滑的方式。飞溅润滑主要针对外漏的表面,这些部位摩擦面负荷较小,如凸轮、连杆、偏心轮、活塞销与销座。这种润滑方式的效果受发动机转速的影响较大。

3. 重力润滑

重力润滑就是润滑油靠自重滴落到各运动零件的表面进行润滑的方式,这种润滑方式主要针对顶置式凸轮轴的凸轮和气门操纵机构。

4. 定期润滑

对某些部位的轴承定期加注润滑脂的方式称为定期润滑。定期润滑主要针对分散的、负荷较小的部件，如水泵、发动机、起动机等。通常为每6个月加注1次2号通用锂基润滑脂。

第三节　发动机润滑油的使用性能

1. 润滑性

机油的润滑性是指机油在各种条件下降低摩擦、减缓磨损和防止金属烧结的能力。润滑性可使摩擦表面的摩擦系数减小，从而降低机械的摩擦损失，提高机械效率，并延长机件的使用寿命。机油的润滑性，主要取决于润滑油的黏度和化学性质。

2. 低温流动性

低温流动性是指保证发动机在低温条件下容易起动和可靠供油的性能。气温越低，机油的黏度就会越大，起动阻力矩也就越大，从而使起动困难；同时，机油黏度增大后，流动性变差，难以进入摩擦间隙处，使摩擦部位形成边界润滑甚至干摩擦，造成磨损严重。

3. 黏温性

黏度随温度变化的关系称为机油的黏温性。一般来说，温度升高机油黏度就会下降，温度降低机油黏度就会增大。随着温度的变化，黏度变化越小，机油的黏温性就越好。发动机温度升高后，仍能保证适当的黏度和油膜厚度，才能避免机油氧化。发动机温度降低后，机油黏度不可过大，维持一定的流动性，以保证冷车起动时的润滑，使发动机低温时容易起动，并减少零件的磨损。

4. 清净分散性

发动机润滑油能抑制积炭、漆膜和油泥生成，或能将这些沉积物清除的能力，称为机油的清净分散性。活塞环和汽缸壁密封性不好，汽油和机油的成分中重质成分过多，发动机的工作温度过高或过低，车速过低都会导致积炭、漆膜和油泥的产生。其中积炭、漆膜是高温沉积物，油泥是低温沉积物。

5. 抗氧化性

机油在各种严酷条件下抵抗氧化变质的能力，称为机油的抗氧化性。机油氧化后其颜色变深，黏度增大，酸性增强，并析出沉淀物。抗氧化性的好坏直接决定着机油的使用期限。

机油在发动机工作温度比较低、油层比较厚的地方，会产生轻度氧化，这时机油中的烃类化合物被氧化成不同类别的酸性物质；在发动机工作温度比较高、油层比较薄的地方，机油会产生深度氧化，酸性物质再度浓缩，形成胶质、漆膜和积炭。

6. 抗腐性

机油的抗腐性是指其抵制腐蚀性物质对金属进行腐蚀的能力。机油使用中不可避免地要被氧化，而生成有机酸，对金属产生腐蚀作用。不让金属腐蚀，是对润滑油最基本的要求。

7. 抗泡性

抗泡性是指机油在工作时抑制产生泡沫的能力。泡沫会造成穴蚀，缩短机件寿命；同时导致气阻，造成机油供给不足。

第四节　发动机润滑油添加剂

人们赋予了发动机润滑油如此之多的任务,以至于如果没有各种各样的添加剂的话,现代汽车发动机的使用寿命和各种功能都将大打折扣了。

机油添加剂现已发展到 20 多种,主要起着改善机油的使用性能,满足特殊润滑需要,改善摩擦特性,延长机油寿命,减少积炭、漆膜和油泥的产生,保护橡胶件密封性等作用。利用添加剂提高润滑油的质量,远比深度精制润滑油简单有效得多。

1. 降凝剂

降凝剂主要是通过自身分子上的烷基侧链和油中固体烃分子的共晶和吸附作用,改变石蜡的生成方向和晶形,使其形成均匀松散的晶粒,防止形成导致油品凝固的三维网状结构,从而降低油品的凝点,改善油品的低温流动性。

2. 清净分散剂

加入清净分散剂的主要目的是通过它的增溶、分散、洗涤及酸中和作用,使沉积在零件表面及机油中的积炭、漆膜、油泥、胶质和有机酸等溶解分散并悬浮在机油中,被机油滤清器滤掉,从而使机油保持清洁及良好的润滑状态。清净分散剂的使用量约占全部润滑油添加剂总量的 50%。

3. 黏度指数改进剂

黏度指数改进剂又称润滑油稠化剂,主要用在多级油(又称稠化油)中,加入它的主要目的是提高机油的黏度指数,改善机油的黏温性能,以适应不同季节的温度变化,在温度变化较大的范围内,均具有较理想的黏度值,保持良好的润滑状态。

4. 抗氧抗腐剂

加入抗氧抗腐剂的主要目的是抑制或减轻机油的氧化,防止或减轻氧化产物对金属的腐蚀,有效延长机油和零件的使用寿命。

5. 极压添加剂

极压添加剂又称极压抗磨剂,它实际上包含了油性剂、抗磨剂和极压剂多种成分,由于在适用性能和作用机理上的相似性,所以有时很难将它们区分开来,因此在西方发达国家,把油性剂、抗磨剂和极压剂统称为载荷添加剂。

在边界润滑情况下,当金属表面只承受中等负荷时,仅依靠抗磨剂吸附在金属表面上即可承受其磨损,保护零件表面;但当金属表面承受很高的负荷时,大量的金属表面直接接触,产生大量的热,这时抗磨剂形成的膜也被破坏,不再起保护金属表面的作用,通常把这种最苛刻的边界润滑称为极压润滑,此时必须依靠极压剂才能与金属表面起化学反应生成一层化学反应膜,承受高强度磨损,防止金属表面擦伤甚至熔焊。

极压添加剂是一些含氯、硫、磷等活性元素的化合物,其作用是在摩擦高温下分解,并与金属摩擦面起反应,生成剪切应力和熔点都比基体金属低的化合物,覆盖在金属表面承受磨损。在极压添加剂的各种成分中,氯类、硫类化合物可提高润滑油的耐负荷能力,防止金属表面在高负荷条件下发生烧结、卡咬、刮伤;而磷类化合物具有较高的抗磨能力,可防止或减少金属表面在中等负荷条件下的磨损。

油性剂又称摩擦改进剂,是指在边界润滑条件下,能在金属表面形成一层吸附膜,从而起减小摩擦和提升润滑功能的添加剂,常用的油性剂为动植物油、脂肪酸酯、硫化油脂等。

6. 抗泡剂

润滑油中含有的极性添加剂在高速运转、强烈振动或搅拌时就会形成泡沫,机油中出现大量泡沫,将破坏正常润滑状态,导致磨损加剧;降低机油冷却效果,导致零部件过热甚至烧损;易使润滑系产生"气阻",导致机油供应中断;增大了润滑油与空气的接触面积,加剧油品氧化,缩短机油使用寿命。因此,机油中必须加有抗泡剂,以阻止润滑油中产生泡沫,保持正常润滑效果,提高机油和零件使用寿命。

抗泡剂是碳链较短的表面活性剂,它可降低油品泡沫的表面张力,阻止泡沫的形成,最广泛使用的抗泡剂是二甲基硅油。

7. 防锈剂

防锈剂是油溶性的表面活性剂,它主要是通过在金属表面形成吸附性保护膜、转换金属表面的水分子、将机油中的水分子进行包裹等方式延缓金属表面的锈蚀。

8. 金属钝化剂

金属钝化剂主要用来消除其他添加剂的副作用,保护非铁类金属不受润滑油中添加剂可能带来的腐蚀性侵害。

第五节　发动机润滑油的分类与规格

一、机油的组成及种类

1. 机油的组成

所有机油都是由基础油与添加剂配制而成,其中基础油的量占70%~90%,添加剂的量占10%~30%。

1) 基础油

基础油提供了润滑油最基本的润滑、冷却等性能。机油的基础油主要分为矿物基础油与合成基础油两大类。矿物基础油目前应用比较广泛;但由于性能优越,合成基础油近年来发展迅猛。

无论哪种基础油,在没有加入添加剂以前,几乎都没什么抗磨能力,因此机油的抗磨性必须由复合抗磨添加剂来提供。

2) 添加剂

为了提高润滑油的各种性能,在润滑油中必须加入各种添加剂。在一种型号的润滑油中,添加剂品种可以多达十几种。可以毫不夸张地说,添加剂是高级润滑油的精髓,经过正确选用和适量加入,便可弥补和改善基础油某些性能方面的不足,对润滑油赋予新的某一方面的特殊性能,抑或加强原本就具有的某种性能,满足更高的要求、更苛刻的条件,为发动机性能的提高提供了强有力的保证。

2. 机油的种类

根据基础油的不同,发动机润滑油可分为矿物油、半合成油和合成油。

1) 矿物油

矿物油是从石油中直接提炼出来的润滑油,矿物油的基础油是原油提炼过程中在分馏出有用的轻质物(如汽油、航空用油、柴油等)之后剩下来残留的塔底油再经分馏、精制、脱蜡等工艺提炼而成的产物。就其本质而言,矿物油运用的是原油中较差的成分,因此其使用寿命、润滑性能等都较合成油逊色,同时对环境也有较大的污染。虽然矿物油价格低廉,但由于在提炼过程中无法将所含的杂质完全除去,因此流动点较高,不适合寒带作业。

由于矿物油中含有大量除不掉的重质成分,如沥青和石蜡,因此发动机润滑油使用矿物油将带来两个直接后果:一是燃烧室积炭严重,这种原因造成的积炭远比汽油、柴油燃烧后形成的积炭严重得多,这是因为机油从活塞和缸壁之间的间隙窜入燃烧室参与燃烧这种现象根本就是不可避免的,矿物油中大量重质成分在燃烧后便形成严重的积炭;二是在油底壳形成大量油泥,这是因为矿物油中的重质成分在高温、极压、氧化等苛刻条件下与其他杂质反应形成的。因此,随着合成油生产成本的降低,矿物油将逐渐被淘汰出市场。

2) 半合成油

半合成油是在矿物油的基础上经过加氢裂化、加氢异构等技术提纯后的产物,或是在矿物油中加入少量全合成油勾兑而成。相比于矿物机油,半合成油在润滑性能、清洁能力和抗氧化方面有显著的提高,它既有合成油的特点,又兼顾了经济实惠的特性。

3) 合成油

合成油又称全合成油,它不是从石油或其他自然资源中直接提取得到的,而是来自原油中的瓦斯气或天然气中的乙烯、丙烯等,再经聚合、催化等复杂的化学反应炼制成的有机化合物。在本质上,它使用的是原油中较好的成分,并在人为控制条件下进行化学反应,达到预期稳定的分子排列形态,抵抗外界影响的能力比较强,因此其热稳定性、抗氧化反应、抗黏度变化的能力自然要比矿物油好得多。

由于合成油结构特殊,因而具有矿物油所不能比拟的耐高温、耐低温、抗氧化、抗辐射等优良性能,能用在矿物油所不能应用的领域,如高真空、高辐射、航天航空、国防等领域,具有较高的应用价值,但其价钱也远比矿物油贵得多。

与矿物油相比,合成油具有以下优点:

(1) 良好的低温性能。合成油由于不含蜡,凝点一般都低于 -40℃,双酯可在 -60℃ 以下工作,乙二酸双酯可在 -70℃ 下正常工作。

(2) 良好的高温性能。合成油热安定性和氧化安定性好,即因氧化而产生酸质、油泥的趋势小,在各种恶劣操作条件下,对发动机都能提供适当的润滑和有效的保护,因而具有更长的使用寿命和较长时间的机油保质期,保证了机油在长期使用期内的性能稳定性。

(3) 良好的黏温特性。大多数合成油的黏度指数较高(一般超过140),黏度随温度变化小,即在高温时黏度不会太小,低温时黏度又不会过大。

(4) 较低的挥发性。由于合成油的分子结构较为整齐,沸点范围较窄,挥发损失小,可以延长油的使用寿命,同时也可减少废气排放以及延长催化转换器的使用寿命。

此外,合成机油的化学稳定性好,抗燃性、抗辐射性也好,油膜强度高、产生泡沫少。

二、机油分类方法

按不同的分类条件,机油有各种不同的分类方法。

1. SAE(美国汽车工程师学会)黏度分类法

1)单级油

单级油的全称是"单级黏度汽油机油",就是只具有单一黏度的机油,它包括冬季机油、夏季机油。

(1)冬季机油。

冬季机油用 W 表示(Winter),冬季机油共有六种:0W、5W、10W、15W、20W、25W。W 前的数字表示最低使用温度和机油的低温流动性,数字越小机油流动性就越佳,则使用温度越低。六种冬季机油的适用范围如下:

①0W 适用于最低温度在 -35℃ 的地区使用;

②5W 适用于最低温度在 -30℃ 的地区使用;

③10W 适用于最低温度在 -25℃ 的地区使用;

④15W 适用于最低温度在 -20℃ 的地区使用;

⑤20W 适用于最低温度在 -15℃ 的地区使用;

⑥25W 适用于最低温度在 -10℃ 的地区使用。

(2)夏季机油。

夏季机油按黏度从小到大有五种:20、30、40、50、60。数字越大,机油的黏度就越大,在高温时的运动黏度就越高。

单级油必须根据季节不同频繁更换,使用起来非常麻烦,现在已基本不再使用。多级油能满足两组黏度的需要,不分冬夏,可常年通用。实际上即使在寒冷地区,也只有在冷起动和暖机时需要黏度小的机油,正常工作时还是需要运动黏度高的机油;而在夏季汽车起动时同样需要黏度小的机油。从这个意义上来说,无论冬夏,只有多级黏度机油才能适应发动机的实际需要。

2)多级油

多级油的全称是"多级黏度汽油机油",顾名思义,就是它不是单一黏度,其黏度可在一定范围内随温度的变化而改变。多级油共有十六种:5W/20、5W/30、5W/40、5W/50、10W/20、10W/30、10W/40、10W/50、15W/20、15W/30、15W/40、15W/50、20W/20、20W/30、20W/40、25W/40。

W 前边的数字越小则使用的最低温度就可以越低,W 后边的数字越大则使用的最高温度就可以越高。多级油与气温关系见表5-1。多级油分类标准见表5-2。

SAE 黏度适用气温 表5-1

SAE 黏度级号	0W/40	5W/30	10W/30	15W/40	20W/40	25W/40
适用气温(℃)	-35~40	-30~30	-25~30	-20~40	-15~40	-10~40

多级黏度机油分类标准　　　　　表 5-2

黏度级别	最高动力黏度 (Pa·s)	最高动力黏度时的温度(℃)	最大边界泵送温时的温度(℃)	运动黏度(100℃)(mm²/s) 最小	运动黏度(100℃)(mm²/s) 最大
5/20	3.5	−25	−30	5.6	9.3
5W/30	3.5	−25	−30	9.3	12.5
5W/40	3.5	−25	−30	12.5	16.3
10W/20	3.5	−20	−25	7	9.3
10W/30	3.5	−20	−25	9.3	12.5
10W/40	3.5	−20	−25	12.5	16.3
15W/20	3.5	−15	−20	5.6	9.3
15W/30	3.5	−15	−20	9.3	12.5
15W/40	3.5	−15	−20	12.5	16.3
20W/20	4.5	−10	−15	7	9.3
20W/30	4.5	−10	−15	9.3	12.5
20W/40	4.5	−10	−15	12.5	16.3
25W/40	6	−5	−10	7	9.3

2. API(美国石油协会)质量分类法

汽机油为 S 系列：SA、SB、SC、SD、SE、SF、SG、SH、SJ、SK、SL、SM、SN。

柴机油为 C 系列：CA、CB、CC、CD、CE、CF、CG、CH、CI、CJ、CK、CL。

不管是 S 系列还是 C 系列，按英文字母的顺序，越靠后的字母表示机油级别越高。目前汽机油最高级别为 SN 级；柴机油一般用到的最高级别为 CI 级。随着发动机强化程度的不断提升及排放法规的逐步严格，机油的级别也在不断提高，其速度为 5～10 年提升一个级别。

1) 汽机油等级及适用范围

SA 级：这一级别的汽机油通常不掺添加剂，适用于非汽车用的小型汽油机。

SB 级：含有少量的抗氧化和防腐蚀的添加剂，适用于非汽车用的轻负荷汽油机。

SC 级：含有清净分散剂和抗腐蚀的添加剂，具有较好的润滑性，适用于轻负荷汽油机。SC 级和 SC 以下级的汽机油都不适合车用汽油机。

SD 级：含有清净分散剂、消泡剂、抗腐蚀剂、抗锈剂等添加剂，适用于化油器式客货汽车发动机。

我国标准中已淘汰了以上级别的机油。

SE 级：含有清净分散剂、抗氧化剂、消泡剂、抗腐蚀剂、抗锈剂等添加剂，适用于开环系统的电子燃油喷射(欧洲Ⅰ号标准)发动机。

SF 级：含有清净分散剂、抗氧化剂、消泡剂、抗腐蚀剂、抗锈剂和抗磨剂等添加剂，适用于欧洲Ⅱ号标准的开闭环控制电子燃油喷射系统发动机。级别低的机油会对尾气排放控制装置造成严重伤害，因此 20 世纪 90 年代以后西方发达国家的汽车就基本上不再使用 F 级的汽机油了。

SG级:含有和F级的汽机油种类相同的添加剂,但其抗磨性较F级的汽油机油高30%左右。F级的汽机油中磷和硫的含量较高,易造成氧传感器和三元催化器中毒;而G级的汽机油中磷和硫含量很低,对氧传感器和三元催化器破坏作用较小。

SH级:具有更好的防腐、防锈、抗磨等性能,适合1996年之前的汽油发动机。

SJ级:能更好地保护氧传感器和三元催化器,欧洲Ⅱ号标准的汽车最好使用这一级别的机油。

SL级:欧洲Ⅲ号标准的汽车使用的汽机油。

SM级:欧洲Ⅳ号标准的汽车使用的汽机油。这一级别的机油硫和磷的含量极低,在防止发动机气门机构的磨损、防止高温沉淀物、延长机油使用寿命、强化机油氧化的安定性、提高燃油的经济性、保护尾气排放系统等方面要求更严格。

SN级:是截至目前为止性能最好的汽机油,可用于所有车型。

2)柴机油等级及适用范围

CA和CB级的柴油机油因质量太差,我国已不再生产。

CC级:具有防止高温沉淀、锈蚀和腐蚀能力,适用于中重型、低增压柴油机,多用于大型货车。

CD级:具有防止高温沉淀能力和很高的抗腐蚀性能,适用于重型、高增压柴油机。

CE级:适用于非电喷的轻型柴油机。

CF级:适用于欧洲Ⅰ号标准的电子燃油喷射开环控制的柴油机。

CG级:适用于欧洲Ⅱ号标准的电子燃油喷射开、闭环控制的柴油机。

CH级:适用于欧洲Ⅲ号标准的电子燃油喷射的柴油机。

CI级:适用于欧洲Ⅳ号标准的电子燃油喷射的柴油机。这一级别也是目前我国生产的最高级别的柴机油。

3. ACEA(欧洲汽车制造商协会)性能分类法

ACEA是欧洲汽车制造商协会制定的规范。ACEA等级自从1996年1月起实施,基本上每两年修订一次,它的部分标准与API相同,但总体来说它的标准要高于API。其编号规则是每个等级用两位字符表示,第一位是字母,第二位是数字。

(1)"A"系列是汽机油,分为A1、A2、A3及A5四个等级;

(2)"B"系列是轻负荷柴机油,分为B1、B2、B3、B4及B5五个等级;

(3)"E"系列是重负荷柴机油,分为E2、E3、E4及E5四个等级。

排序越往后,油品的质量就越好,具体油品质量如下:

(1)A1、B1相当于API的SJ级别;

(2)A2、B2、E2相当于API的SG、SF级别;

(3)A3、B3、E3相当于API的SL级别;

(4)A5、B4、B5和E4、E5超越API所有标准,目前是机油中的最高标准。

2007版以后,ACEA的分类为3个系列,其最大特点是汽、柴通用(除E系列外)。这三个系列分别为:

(1)A/B系列:汽机油和轻负荷柴机油,有A1/B1、A3/B3、A3/B4、A5/B5四种型号;

(2)C系列:适应催化剂型机油,有C1、C2、C3、C4四种型号;

(3)E系列:重负荷柴机油,有 E4、E6、E7、E9 四种型号。
4.国产机油等级及标记
1)国产汽机油等级

按照 GB 11121—2006,我国汽机油分为 SE、SF、SG、SH、GF-1、SJ、GF-2、SL、GF-3 九种型号。排序越靠后,油品质量就越高。其中 GF-1、GF-2、GF-3 可分别看作是 SH、SJ、SL 级别的升级版,如 GF-1 就是在 SH 基础上进行了 ILSAC 认证,其级别就更高一级。

ILSAC(International Lubricant Standardization and Approval Committee)是"国际润滑油标准化及认证委员会"的缩写,它采用的是更高机油品质的评定标准。截至目前 ILSAC 共制订了五种规格的汽机油,即 GF-1、GF-2、GF-3、GF-4 和 GF-5,它们除了分别满足 SH、SJ、SL、SM 和 SN 的所有要求外,还要通过 ILSAC 规定的节能要求,具体来说就是对机油在燃料经济性、与排气系统的相容性、延长发动机使用寿面等方面有更高的要求。

2)国产柴机油等级

按照 GB 11122—2006,我国柴机油分为 CC、CD、CF、CF-4、CH-4、CI-4 六种型号。排序越靠后,油品质量就越高,-4 表示该机油适用于 4 冲程柴油机。一般的柴油机使用到 CD 级的机油就可以了,增压柴油机要求机油的油品质量相对要高一些。

3)国产机油标记

汽机油标记举例:SF10W-30,其中 SF 为质量等级(API),10W-30 为黏度等级(SAE)。
柴机油标记举例:CD10W-30,其中 CD 为质量等级(API),10W-30 为黏度等级(SAE)。
汽、柴通用机油标记举例:SJ/CF-4 5W-30,其中 SJ 和 CF-4 分别为满足的汽机油和柴机油的质量等级(API),5W-30 为黏度等级(SAE)。

总体来讲,我国机油标准更新较慢,如 API 和 ACEA 基本上都是两年左右更新一次,而我国现行的是自 2007 年 1 月 1 日起实施的《汽油机油》(GB 11121—2006)、《柴油机油》(GB 11122—2006),已经 10 年没有更新了。而在这 10 年间,发动机的强化程度已大大提高,而国家标准中汽机油最高级别只到 SL 级,缺少更高级的 SM、SN 级;柴机油只到 CI 级,缺少 CJ、Ck、CL 级。由此看来,我国的机油质量等级与发达国家特别是欧盟的质量等级尚有较大差距。

目前我国机油行业的现状是,国家标准只适用于中低端润滑油产品,而企业标准则弥补了国家标准的不足,具有与国际接轨的企业标准。国内具备一定研发实力的发动机润滑油企业都会向国家质量监督检验检疫总局申请机油企业标准,并获得以"Q"打头的相关代号,接受国家质检相关部门的监督。《企业标准化管理办法》显示,企业标准由企业制定,原则上可以积极采用国际标准和国外先进标准。因此,不少优秀的民营润滑油企业都争相申请与 API 最高质量标准 SN 级别相同的企业标准,直接与国外优秀产品看齐,这是对国家标准或行业标准的有力补充,有利于对外经济技术合作,拓展国际市场。

第六节 发动机润滑油的选择、使用与更换

一、机油的选择

选择合适的发动机润滑油是保证发动机正常工作、延长其使用寿命的重要条件。正确

合理地选用发动机润滑油能保证汽车正常可靠行驶,减少零件磨损,节省燃油消耗,延长发动机使用寿命。

1. 黏度等级选择

东北、新疆、西藏地区,建议一般使用黏度较低的抗低温 5W 系列机油,极冷地区建议使用 0W 系列机油。

华北、华中地区,建议使用 10W 或 15W 系列机油。

华东、华南地区,建议使用 20W 或 25W 系列机油。

海南地区,建议使用 40 或 50 机油。

发动机新旧程度对机油选择也有一定的影响。对于新发动机应选用黏度较小的机油,以保证在使用期内正常磨合;而使用较久、磨损较大的发动机则应选用黏度较大的机油,以维持所需的机油压力,保证正常润滑。

2. 质量等级选择

由于机油对发动机的使用性能和寿命都有很大的影响,因此应严格按照汽车使用说明书规定选用相同系列、使用等级、黏度等级的机油。车辆说明书推荐的机油是根据发动机的性能和销售地域的气温等情况而定的,对机油的选用有一定的指导作用,并留有较大的安全系数,同时也是发动机保用期内索赔的前提条件之一。若无说明书可按下列方法,选用合适的机油规格。

(1) 没有附加装置的汽油发动机可选用 SD 级油。

(2) 有曲轴箱强制通风(PCV)装置的汽油发动机可选用 SE 级油。

(3) 有废气再循环(ECR)系统的汽油发动机应选用 SF 级油。

(4) 装有催化转化器或中低档电喷系统的汽油机,要选用 SG 级以上的机油。

(5) 对于采用新型材料和新技术的中高档电喷汽油机则应选用 SJ 级以上的机油。

对于进口汽车也可以根据其生产年份来大致区分机油的使用等级。如:1989—1993 年用 SG 级油;1994—1996 年用 SH 级油;1996—2001 年用 SJ 级油;2001 年至今用 SJ 或 SL 级油。这是因为汽车的生产年份越靠后,其性能改进得越多,机油的工作条件通常要比早年生产的汽车苛刻。

3. 机油种类选择

一般车价不高(在 10 万元左右)、用途单一、维护周期很固定的车,都比较适合使用矿物油。矿物油的代表产品有:特级喜力(黄喜力或黄壳)、红色喜力(红壳)、嘉实多金嘉护、美孚速霸 1000、长城金吉星 J400 等。目前市售的矿物油种类并不算特别多,选择汽车品牌原厂矿物油产品或者主力机油品牌的矿物油产品均可。此外,对于使用频率不高、半年行驶 5000km 以下的车,矿物油是最划算的选择;出租车一般都用矿物油,因为出租车几乎每个月都要做一次维护,所以选择矿物油比较划算。

半合成机油的适用性是最广泛的,一般中端车及带废气涡轮增压的汽车均使用半合成机油。半合成机油的代表产品有:美孚速霸 2000、嘉实多磁护、非凡喜力(蓝喜力或蓝壳)、长城金吉星 J500、威士高 3000 和道达尔的快驰系列等。

高档车、运动型车、高功率性能车、跑车、越野车、涡轮增压车等都选择使用合成机油。合成油的代表产品有:嘉实多极护、壳牌超凡喜力(灰喜力)、美孚 1 号、威士高 7000、埃索傲超能、途佳驰绿色动力等。

二、机油的使用

对发动机润滑油做出合理的选择以后,必须依据规定对其加以正确的使用,使用方法不当,仍然会出现润滑油失效、发动机磨损加剧等一系列问题。为此,在使用中应注意以下几个方面:

(1)慎重选购品牌。尽可能购买有影响、知名度高的正规厂家的机油,要特别注意辨别真假,确保润滑油的品质。

(2)避免不同牌号的机油混用,以免相互起化学反应,生成油泥或使机油变质。

(3)不能随意代用。油品的代用关系到发动机的使用寿命,应遵循一定的规则谨慎选择:对于黏度等级相同的油品,质量等级高的可代替质量等级低的;对于质量等级相同的油品,使用温度宽的可代替使用温度窄的油品。

(4)机油黏度要适当。黏度过低不能形成保护油膜,黏度过高机油难以进入摩擦间隙,都将造成磨损增大。

(5)机油加注量要合适。机油量不足会加速润滑油的变质,引起零件的烧损;机油加注过多,不仅会使发动机润滑油消耗量增大,而且过多的润滑油易窜入燃烧室造成烧机油。

(6)定期检查、清洗、更换机油滤清器,并清理油底壳中的脏杂物。

(7)注意观察机油颜色、气味。颜色、气味变化,说明油品已变质,应该及时更换,不能死等换油周期,同时如果机油变质太提前,还应查明原因并予以解决。有条件的可以定期检查润滑油各项性能指标。

(8)不能只添不换。润滑油在使用过程中质量和数量都会下降,不断向润滑系统中添加一些新油,只能弥补数量上的不足,而不能完全补偿润滑油质量的下降。随着时间的延长,润滑油的性能会变得越来越差,以至给发动机带来严重后果。为了确保发动机长期正常运行,降低磨损,必须按期将机油全部更换。

(9)采用热机放油法。即在更换发动机润滑油时,应先使发动机热机,然后稍等几分钟后趁热放出润滑油。稍等几分钟是为了等机油回位,趁热放油才能使发动机内的油泥、污物等尽可能完全地随润滑油一起排出。

三、机油的更换

机油的更换一般应按照汽车使用说明书上规定的期限进行。机油的换油期限应当适宜,过早会造成浪费,过迟又会增大发动机磨损。发动机润滑油的更换有三个原则:一是根据车辆的行驶里程(或发动机润滑油的工作时间)确定,称为定期换油;二是根据机油的使用性能降低程度确定,称为按质换油;三是可以采用在机油油质监测下的定期换油。

1. 定期换油

定期换油就是按行驶里程或使用时间进行换油。换油期依据发动机润滑油使用性能变化的影响规律来确定。换油期与发动机润滑油使用性能级别、发动机润滑油技术状况和运行条件有关。绝大多数汽车都是采用这种换油方式,针对每种车型,生产厂家都有换油里程或时间的规定。

换油周期因机油品种不同而有差异,矿物油一般 3000～5000km 或 3 个月就要换一次油,半合成油最多 6000～7500km 或 6 个月换油,全合成油可以到 10000km 或一年换油。

2. 按质换油

润滑油变质程度与汽车性能、修理技术、驾驶水平、道路和气候条件、润滑油质量等都有关系,所以统一规定换油期限的定期换油并不完全合理。

按质换油就是对在用机油的一些有代表性的理化指标进行测试评定后,再做出是否换油的决定,当其中有一项指标达到换油指标时就应更换新油。现行的在用发动机润滑油换油指标国家标准为《汽油发动机油换油指标》(GB/T 8028—2010)和《柴油机油换油指标》(GB/T 7607—2010)。

3. 在油质监控下的定期换油

这种方法在规定了机油换油期的同时也监测在用油的综合指标,必要时可提前报废。

1. 什么是摩擦?它有什么后果?有哪几种类型?
2. 什么是磨损?有哪些类型?如何减少磨损?
3. 什么是润滑?分哪几种类型?
4. 发动机润滑油的作用有哪些?
5. 发动机的润滑方式有哪几种?
6. 发动机润滑油的使用性能有哪些?
7. 发动机润滑油添加剂有哪些?各有何作用?
8. 机油由哪些成分组成?各部分占比如何?
9. 机油分为哪几类?合成油有何优点?
10. 机油的分类方法有哪几种?各如何分类?
11. 国产机油等级是如何划分的?
12. 如何正确选择机油?
13. 如何正确使用机油?
14. 机油的更换原则是什么?

第六章　齿轮润滑油

在汽车上,齿轮润滑油简称齿轮油,主要用于汽车传动机构和转向机构中,如变速器、主减速器、转向器等齿轮的润滑,但通常将自动变速器润滑油不列在此范围内,而是单独称为自动变速器油。与其他润滑油一样,齿轮润滑油的主要功能是减少齿轮及轴承的摩擦与磨损,加强摩擦表面的散热,防止机件发生腐蚀和锈蚀,减少齿轮间的冲击。

在汽车运行的过程中,变速器、主减速器的齿轮在转速、转矩频繁变化的情况下工作,承受各种工况的交变载荷,易产生磨损、疲劳和变形,因此必须保持良好的润滑,才能最大限度地减少齿轮的磨损和损坏。由于双曲线齿轮具有传动比大、传动平稳、便于布置等优点,因而在汽车上得到了广泛使用,但其齿面接触压力极高,啮合面间相对滑动速度较大,油温高(一般在 120~130℃,最高的甚至达到 180℃),传动条件苛刻,因此汽车上对齿轮润滑油的性能要求很高,须使用加有高活性极压剂的润滑油。

第一节　齿轮润滑油的使用性能

根据汽车上齿轮传动的特点,齿轮油除了要求有较好的热稳定性、氧安定性、缓蚀性、抗泡沫性、低温性能和储存稳定性之外,还应具备以下各种功能:
(1)减少摩擦,提高机械设备的效率。
(2)减少磨损、擦伤以及金属的表面疲劳。
(3)使摩擦部位产生的热量散失。
(4)减少齿轮间的振动、冲击和噪声。
(5)防止摩擦表面产生腐蚀。
(6)从金属接触区域去掉污染物质。

一、润滑性

齿轮油的润滑性用黏度来衡量,黏度是齿轮油的重要使用性能之一,对油膜的形成影响很大,齿轮油应具有合适的运动黏度。一般而言,高黏度的齿轮油可有效防止齿轮及轴承损伤,减少机械运转噪声并减少漏油,但流动性差,难以带走摩擦热量且低温时润滑不好;低黏度的齿轮油在提高机械效率、加强冷却和清洗作用等方面有明显的优点,但难以形成油膜,润滑条件变差。因此要求齿轮油在低温条件下应保持一定的流动能力,高温时黏度又不能过低,即具有良好的黏温性。

二、极压性

极压性是指齿轮润滑油中的极压抗磨剂在高压、高速、高温的苛刻工作条件下,能在齿面上与金属迅速发生化学反应生成反应膜,从而防止齿面发生擦伤或烧结的性质(有时又称承载能力或抗胶合性)。对齿轮润滑油来说,极压性是其最主要的基本性能。齿轮油的工作部位所承受的压力、速度和局部温度都很高,因此对其极压抗磨性要求较高。

一般油性添加剂形成的边界油膜,在极压条件下会从吸附状态变为自由运动状态而从摩擦表面脱附,不再起保护金属表面的作用。因此,为有效防止在高负荷条件下发生齿面擦伤及咬合,就必须提高齿轮润滑油的极压性,这就要依靠添加极压抗磨剂来实现。极压抗磨剂就是含有硫、磷、氯、铅等活泼元素的有机化合物,当齿面在高压力下接触时,表面间的凹凸相啮合,会产生局部高温,此时齿轮油中的极压剂与金属表面发生化学反应,形成剪切强度小、熔点低的固体铁膜,把金属表面(即齿面)隔开,阻止金属间发生胶合。

齿轮油的润滑性和极压性的评定,除了运动黏度之外,还要通过四球极压试验或台架试验来评定。

三、低温操作性和黏温性

同发动机润滑油一样,要求齿轮油在低温下保持必要的流动性,以保证齿轮在低温条件下的润滑。在实际工作中齿轮油的工作温度范围较宽,因此不但要求齿轮油有良好的低温流动性,而且希望齿轮油的黏度在高温时不要下降太多,即应具有良好的黏温性。随着温度的升高,齿轮油黏度下降的幅度越小,则该齿轮油的黏温性就越好。

为了保证齿轮油具有良好的低温操作性,除规定了倾点、成沟点和黏度指数等指标外,还特别采用了"表观黏度达150Pa·s时的温度"这一指标。

试验证明,对双曲线齿轮式主减速器,齿轮油表观黏度小于150Pa·s,能在汽车起步后15s内流进小齿轮轴承而保证其正常润滑,这个黏度为汽车低温起步的极限黏度,因此车辆齿轮油规格中均规定了"黏度达到150Pa·s时的最高温度"这一指标,这个指标也是车辆齿轮油SAE黏度分类的依据之一。

四、热氧化安定性

热氧化安定性是指齿轮油在空气、水分、金属的催化作用和热的作用下抵抗氧化变质的能力。齿轮油氧化后会使油的黏度增加,生成油泥,影响油的流动,降低齿轮油的使用寿命。氧化产生的腐蚀性物质,还会加速金属的腐蚀和锈蚀。

齿轮油氧化后生成的沉淀物是极性物质,油中的添加剂也大多是极性化合物,添加剂容易吸附在沉淀物上,随沉淀物一起从油中析出。沉淀物会使密封件硬化,还在零件表面形成有机薄膜影响散热效果,所以齿轮油应具有良好的热氧化安定性。热氧化安定性好,齿轮油的使用寿命就可以延长,并可降低对金属的腐蚀或磨损。

提高齿轮油热氧化安定性的一个主要途径是加抗氧化添加剂。

五、抗腐性和防锈性

抗腐性是指齿轮油在金属表面形成保护膜,以防止腐蚀性物质侵蚀金属的能力;齿轮油的防锈性是指齿轮油保护齿轮不被锈蚀,保证齿轮的使用性能和延长齿轮使用寿命的能力。

汽车工作时,齿轮传动装置内可能会从外界渗入水分,汽车工况变化导致冷热交替也可能出现冷凝水分。齿轮油内的水分和氧化产生的酸性产物,是齿轮和轴承腐蚀、生锈的主要原因。此外,给齿轮油加入极压抗磨剂的作用实际上是一种有控制的腐蚀现象,对金属有一定的腐蚀作用,因此其加入量应严格控制。腐蚀和生锈会加速零件磨损,使材料强度降低,因此,齿轮油中应加入适当的抗腐剂和防锈剂,使车辆齿轮油具有良好的抗腐性和防锈性。

六、抗泡沫性

汽车工作时,齿轮油受到剧烈的搅拌,由于空气的存在,会产生许多小气泡,它们上升到液面若能很快消失就不会影响使用,但若形成安定的泡沫则会发生溢流和磨损等现象。在齿轮油中,泡沫一旦形成,油和空气会一起到达润滑部位,油就不能充分供给,必然导致齿轮磨损和胶合等情况发生。因此齿轮油应具有良好的抗泡沫性,以保证在齿轮剧烈搅拌过程中产生的泡沫少并易于消失。

为减少齿轮油产生泡沫,应给其加入抗泡剂,既能抑制泡沫的产生,还能破坏已产生的泡沫,常用的抗泡剂是硅油。

第二节 齿轮润滑油的分类与规格

一、汽车齿轮润滑油的分类

目前世界上广泛采用美国汽车工程师学会(SAE)的车辆齿轮油黏度分类法和美国石油学会(API)的车辆齿轮油使用性能分类法对车辆齿轮油进行分类。

1. SAE 汽车齿轮润滑油黏度分类

SAE 汽车齿轮润滑油黏度等级有两类,第一类黏度等级代号由一组数字和字母 W 组成,即 70W、75W、80W、85W 四种,是冬季用齿轮油,是根据齿轮油黏度达到 150Pa·s 的最高温度和 100℃时的最小运动黏度划分的;第二类黏度等级代号只用数字表示,即 90、140、250 三种,是春、夏、秋季用齿轮油,是以 100℃的运动黏度范围划分的。SAE 汽车齿轮润滑油黏度等级分类见表6-1。

SAE 汽车齿轮润滑油黏度等级分类 表 6-1

SAE 黏度等级	黏度达到150Pa·s时的最高温度(℃)	100℃时的运动黏度(mm^2/s)	
		最低	最高
70W	-55	4.1	—
75W	-40	4.1	—

续上表

SAE 黏度等级	黏度达到150Pa·s时的最高温度(℃)	100℃时的运动黏度(mm^2/s)	
		最低	最高
80W	-26	7.0	—
85W	-12	11.0	—
90	—	13.5	<24.0
140	—	24.0	<41.0
250	—	41.0	—

汽车齿轮油的黏度等级不同于发动机润滑油的黏度等级。当汽车齿轮油与发动机润滑油有相同的黏度时,根据两黏度分类规定的黏度等级相差很大。例如,70W 汽车齿轮油与10W 的发动机润滑油具有相同的黏度,90 的车辆齿轮油与 40、50 的发动机润滑油黏度相当,但黏度等级号不同。

2. API 汽车齿轮润滑油使用性能分类

API 汽车齿轮润滑油使用性能等级,是根据齿轮的形式和负载情况对汽车齿轮润滑油进行质量等级分类的,该分类将汽车齿轮润滑油共分为 GL-1、GL-2、GL-3、GL-4、GL-5、GL-6 六个级别,其分类使用说明及用途见表 6-2。

API 汽车齿轮润滑油使用性能分类　　表 6-2

分类	使用说明	用途
GL-1	低齿面压力、低滑动速度下的汽车螺旋锥齿轮、蜗轮式驱动桥以及各种手动变速器规定用 GL-1 齿轮油。直馏矿能满足这类情况的要求,可以加入抗氧剂、缓蚀剂和消泡剂改善其性能,但不加摩擦改进剂和极压剂	汽车、拖拉机手动变速器
GL-2	汽车蜗轮式驱动桥,由于其负荷、温度和滑动速度的状况,用 GL-1 齿轮油不能满足要求,规定用 GL-2 齿轮油	蜗杆传动装置
GL-3	速度和负荷比较苛刻的汽车手动变速器和螺旋锥齿轮的后桥规定用 GL-3 类油,这种使用条件要求润滑油的负荷能力比 GL-1 和 GL-2 级油高,但比 GL-4 级油要低	苛刻条件下的手动变速器和螺旋锥齿轮的驱动桥
GL-4	低速高转矩、高速低转矩下工作的各种齿轮,特别是客车和其他各种车用的双曲线齿轮规定用 GL-4 级齿轮油。适用于其抗擦伤性能等于或优于 CRC CGO-105 参考油。该级油已做各种试验证明具有 1972 年 4 月 ASTM STP 说明的性能水平	手动变速器、螺旋锥齿轮和使用条件不太苛刻的双曲线齿轮
GL-5	高速冲击负荷、低速高转矩、高速低转矩下工作的各种齿轮,特别是客车和其他车用的双曲线齿轮规定用 GL-5 级齿轮油。适用于其抗擦伤性能等于或优于 CRC RGO-110 参考油。该级油已做过各种试验证明具有 1972 年 4 月 ASTM STP 说明的性能水平	工作条件缓和或苛刻的双曲线齿轮及其他各种齿轮、手动变速器
GL-6	高速冲击条件下运转的轿车和其他车辆的各种齿轮,特别是大偏移距的双曲线齿轮,偏移距大于 50mm 或接近大齿轮直径的 25%,规定用 GL-6 级齿轮油。其抗擦伤性能等于或优于参考油 L-1000。该级油已做各种试验证明具有 1972 年 4 月 ASTM STP 说明的性能水平	—

3. 我国汽车齿轮润滑油的分类

我国车辆齿轮润滑油,是按黏度等级和使用性能等级两方面因素来分类的。按照使用性能分类,根据齿轮的形式和负载情况,我国将车辆用齿轮油划分为普通车辆齿轮油、中负荷车辆齿轮油和重负荷车辆齿轮油三个等级,其中普通车辆齿轮油相当于API分类中的GL-3,中负荷车辆齿轮油相当于API分类中的GL-4,重负荷车辆齿轮油相当于API分类中的GL-5。我国汽车齿轮润滑油按照黏度分类的国家标准是《驱动桥和手动变速器润滑剂黏度分类》(GB/T 17477—1998),其方法与SAE黏度分类相同,分为70W、75W、80W、85W、90、140、250七级(表6-1)。

现在应用范围越来越广的是多级齿轮油。所谓多级齿轮油,是指其油品既具有低黏度齿轮油的性质,又具有高黏度齿轮油的性质,即它在较大的温度跨度范围内即能在低温流动性方面达到低黏度齿轮油的水平,又能在高温润滑方面达到高黏度齿轮油的水平。多级齿轮油用两个数字表示,前面的数字后加"W",表示其低黏度油性质,即在低温时使用的黏度等级;后面的数字表示其高黏度油性质,即在高温使用时的黏度等级。如80W/90,在冬季时相当于SAE 80W号齿轮油性质,在夏季使用时又相当于SAE 90号齿轮油性质。多级齿轮油可常年通用,不用按季节更换,在更换时也不考虑季节因素,因此受到广大个人用户的普遍欢迎。常用的多级油主要有75W/90、80W/90、85W/90、75W/140、85W/140等。

二、我国汽车齿轮润滑油的规格

1. 普通车辆齿轮油(GL-3)

普通车辆齿轮油分为80W/90、85W/90和90三个黏度牌号,主要由精制矿物油加抗氧剂、缓蚀剂、抗泡剂和少量挤压剂等制成。适用于中等速度和负荷、比较苛刻的手动变速器和螺旋锥齿轮的驱动桥。

2. 中负荷车辆齿轮油(GL-4)

中负荷车辆齿轮油分为80W/90、85W/90和90三个黏度牌号,由精制矿物油加抗氧剂、缓蚀剂、抗泡剂和极压剂等制成。适用于在低速高转矩、高速低转矩下操作的各种齿轮,特别是客车和其他车辆的双曲线齿轮。

3. 重负荷车辆齿轮油(CL-5)

重负荷车辆齿轮油分为75W、80W/90、85W/90、85W/140、90和140六个牌号,由精制矿物油加抗氧剂、缓蚀剂、抗泡剂和极压剂等制成。适用于在高速冲击负荷、高速低转矩、低速高转矩下工作的各种齿轮,特别是客车和其他车辆的双曲线齿轮。

第三节 汽车齿轮润滑油的选择

汽车齿轮润滑油的选择包括齿轮油质量级别的选择和黏度级别的选择两个方面。一方面要根据齿轮类型和工作条件来确定齿轮油的质量等级,另一方面要根据使用环境最低温度和传动装置的运行最高温度来确定黏度等级。

一、质量等级的选择

汽车齿轮油质量等级也可称为使用性能等级,是根据传动机构工作条件的苛刻程度选择齿轮油牌号等级的。工作条件主要指齿面压力、滑动速度和油温等,而这些工作条件又取决于传动装置的齿轮类型,所以汽车齿轮油使用级别一般按齿轮类型和传动装置的功能来选。

一般来说,在汽车传动机构中后桥主减速器的工作条件较为苛刻,特别是双曲线齿轮式主减速器工作时负荷重、滑动速度快、温度高,主要靠齿轮油内极压抗磨剂的作用来减少摩擦和磨损,所以对双曲线齿轮式主减速器或工作条件苛刻的其他齿轮式主减速器一定要选择 GL-4 以上的齿轮油。

手动变速器的齿轮均为圆柱形直齿轮或斜齿轮,负荷一般低于 2000MPa,转速较快,容易形成流体润滑膜,且各挡齿轮交替工作,其工作条件没有主减速器齿轮恶劣,所以普通车辆齿轮油 GL-3 就可以满足其润滑要求。但为了减少用油级别,方便管理,在汽车各传动装置对齿轮油使用性能级别要求相差不太大的情况下,手动变速器和后桥可以选用同一级别使用性能的齿轮油。工作条件要求较高的自动变速器须选用质量级别至少为 GL-5 的齿轮油。

汽车转向机构一般和手动变速器使用同一种润滑油。

简单来说,GL 后面的数值越大,表明该齿轮油级别就越高,越能满足齿轮在更苛刻的条件下工作。

二、黏度级别的选择

汽车齿轮油黏度级别的选择,主要根据最低气温和最高油温,并同时考虑车辆齿轮油换油周期较长的因素。

车辆齿轮油的黏度应既能保证低温下的车辆起步,又能满足工作导致油温升高后的润滑要求。如前所述,车辆齿轮油以表观黏度 150Pa·s 作为低温流动性极限,所以在 SAE 黏度分类中表观黏度达 150Pa·s 时的最高温度,就是保证低温操作性能的最低温度。则由表 6-1 可知,黏度为 70W、75W、80W 和 85W 的双曲线齿轮油的最低使用温度分别为 -55℃、-40℃、-26℃、-12℃,即理论上车辆使用地区的最低温度不应低于所选齿轮油的上述温度。

我国南方冬季温度很少低于 -10℃,所以可全年使用 SAE 90 和 SAE 140 车辆齿轮油;而在北方地区,为适当延长换油期,避免季节换油造成浪费,可以选用冬夏通用的多级油,即西北及东北寒区可选用 SAE 75W/90 或 75W/140 号油,其余中部地区可选用 SAE 85W/90 或 85W/140 号油。

我国汽车齿轮油适应的实际使用环境温度范围见表 6-3。

齿轮油黏度等级与实际使用环境温度对应关系　　　　表 6-3

黏度级别(单级)	环境温度(℃)	黏度级别(多级)	环境温度(℃)
70W	-45 ~ 0	75W/90	-35 ~ 40
75W	-35 ~ 10	80W/90	-26 ~ 40

续上表

黏度级别(单级)	环境温度(℃)	黏度级别(多级)	环境温度(℃)
80W	−15~10	85W/90	−15~40
85W	−15~50	75W/140	−35~50
90	−12~40	85W/140	−15~50
140	−5~50		
250	0~50		

三、车辆齿轮油选用的注意事项

（1）等级低的齿轮油不能用在要求较高的车辆上，等级高的齿轮油可降级使用，但降级过多则在经济方面造成浪费。

（2）齿轮油的黏度应以能保证润滑为宜，尽可能选用合适的多级齿轮油，如果黏度过高，由于运转阻力增大会使燃料消耗显著增加，且黏度过高过低都会造成磨损加剧。

（3）双曲线齿轮必须加双曲线齿轮油，否则将造成严重的早期磨损。

（4）齿轮油加注应适量（按说明书），加注过少会造成润滑不良、磨损加剧；加注过多将增大运转阻力使油耗上升，且密封易漏油。

（5）不同等级的汽车齿轮油不能混用。

第四节　汽车齿轮润滑油的更换

在车辆使用过程中，齿轮油的理化性质会逐渐发生变化，导致油品性质来恶化，继续使用会带来一系列不良后果。为确保润滑条件，必须及时更换齿轮油。车辆齿轮油的换油标准主要有按质换油、定期换油和定期结合质量控制换油三种方法。

一、按质换油

按质换油就是按齿轮油的质量更换齿轮油，是确定在用车辆齿轮油更换周期的发展方向。随着在用润滑油化验技术的进步，按质换油正在逐步取代按期换油，但是按质换油必须配备一定数量、具有监测化验能力的技术人员和必要的化验设备，因此一般个人用户难以采用这种办法。

我国目前在车辆齿轮油方面只有普通齿轮油的换油标准（SH/T 0475—1992），见表6-4。

普通车辆齿轮油换油指标　　　　　　　　表6-4

项　目		换油标准	试验方法
100℃运动黏度变化率(%)	超过	20~−10	GB/T 265
水分(%)	大于	1.0	GB/T 260

续上表

项 目		换 油 标 准	试 验 方 法
酸值增加值(mgKOH/g)	大于	0.5	GB/T 8030
戊烷不溶物(%)	大于	2.0	GB/T 8296
铁含量(质量分数)(%)	大于	0.5	GB/T 0197

二、定期换油

定期换油是根据车辆的传动结构特性、运行条件和润滑油的质量,由汽车制造厂家推荐或用户自行确定固定的换油周期(时间或里程)。但采用定期换油的方法会出现不该换的齿轮油被换了,造成油料浪费和经济损失;或者该换时又没及时换,使润滑条件无法保证,造成齿轮磨损加剧。虽然定期换油不尽合理,但由于定期换油不需要对齿轮油的质量进行鉴定、化验,操作简单、方便,所以目前国内对车辆齿轮油的更换多采用定期换油。

在实际使用中,车辆齿轮油的换油周期通常按行驶里程来决定,汽车生产厂家一般推荐传动系齿轮油的换油周期为2个二级维护里程,或按冬夏季节换油(单级)。润滑油生产厂家则一般要求按行驶3万~4万km换油。

具体到用户个人来说,齿轮油的更换应尽量按照生产厂家的说明书进行,也可按照国产载货汽车2.5万~3万km、乘用车3万~4万km的行驶里程更换齿轮油的简单方法来操作。

三、定期结合质量控制换油

为了充分发挥齿轮油的作用,即不造成浪费也不增大齿轮磨损,将齿轮油的作用发挥到最大可能,针对使用条件比较优越的车辆,在定期换油的里程达到后,有条件者可根据车辆具体使用情况,测定黏度、水分、酸值、不溶物、铁含量等的具体数值,按表6-4进行判断,则有可能将换油期延长至5万~8万km。但不提倡没有经过检测,就将换油周期贸然延长,这样将会造成齿轮的严重磨损和损坏。而针对使用条件比较恶劣的车辆,如在矿山、高原等地区使用的车辆,其换油周期可能会缩短,因此应在定期换油里程尚未达到时就开始检测。

复习思考题

1. 齿轮油的使用性能有哪些?各有何影响?
2. 极压抗磨剂有何作用?
3. 汽车齿轮油是如何分类的?
4. 我国汽车齿轮油是如何分类的?
5. 我国汽车齿轮润滑油的规格如何?
6. 如何选择汽车齿轮油?
7. 如何确定齿轮油的换油周期?

第七章　汽车润滑脂

汽车润滑脂俗称黄油,它具有其他润滑剂所不能代替的特点,在汽车上许多不宜使用润滑油的部位,如轮毂轴承、拉杆球关节、水泵轴承、发电机轴承、离合器分离轴承、传动轴万向节等,都使用润滑脂进行润滑。

第一节　汽车润滑脂的使用性能与特点

一、润滑脂的使用特点

与润滑油相比,润滑脂具有以下特点。

1. 黏附性好、不易流失

因为润滑脂与金属表面有着良好的黏附性,不易从润滑部位流失,因此能保持汽车上某些高速旋转、倾斜或垂直部位的可靠润滑。而且将润滑脂用于这些部位,还能简化润滑装置的结构,降低成本。

2. 密封和防护性好

润滑脂比润滑油有更好的密封和防护作用,因此特别适合在难以密封的部位使用,能有效防止灰沙、杂质等的浸入。

3. 抗负荷、抗冲击性能好

润滑脂在润滑部位呈半固体或固体状态,有极强的耐压性,在高负荷、高冲击条件下仍有良好的润滑能力。

4. 黏温性好

润滑脂的黏度不随温度发生明显的变化,因此在较广的使用温度范围内仍能发挥良好的润滑作用。

5. 缓冲性能好

汽车在行驶过程中,各润滑部位均要承受很高的冲击和振动,存在于零件表面之间的半固体或固体润滑脂便起着良好的缓冲作用。

6. 抗水性好

汽车底盘部分的一些润滑部位,在行驶过程中不可避免地要接触到水,这些部位就只能用不怕水的钙基润滑脂来润滑了。

7. 使用周期长

与润滑油相比,用润滑脂的部位不需经常关注及补充,因此润滑周期长,维护费用低。

二、润滑脂的使用性能

在汽车上，润滑脂的使用范围很广，而各润滑部位的工作条件差别很大，它们对润滑脂的性能要求也不尽相同，因此润滑脂应具备多种使用性能才能满足工作需求。

1. 稠度

稠度是指润滑脂在受到外力作用时，抵抗变形的程度。适当的稠度可使润滑脂容易加注到润滑部位，并保持在润滑部位而不易流失。润滑脂的稠度不同，其适用的转速、负荷、温度等工作条件也不同，因此这是润滑脂的一个很重要的指标。

润滑脂的稠度用锥入度来表示，稠度级号就是按照工作锥入度的范围划分的。锥入度是在规定的时间和温度条件下，标准锥体沉入润滑脂的深度，单位为 1/10mm。

2. 胶体安定性

胶体安定性是指润滑脂抵抗温度和压力的影响而保持胶体结构的能力。胶体安定性不好，将导致润滑脂胶体分解，使固定在纤维空间骨架中的基础油分离出来，严重的会导致润滑脂变质。

3. 高温性能

温度对润滑脂的流动性影响很大，耐热性好的润滑脂可以在较高的使用温度下不熔融流失，变质失效过程也较为缓慢。汽车润滑脂的高温性能可用滴点、蒸发损失和漏失量等指标来评价。在规定的试验条件下，润滑脂达到一定流动性的温度称为滴点，滴点越高，耐热性就越好；蒸发损失越多、漏失量越大，说明润滑脂的耐热性越差，润滑脂的使用寿命就越短。

4. 低温性能

在寒冷地区使用的汽车，要求润滑脂在低温下仍保持良好的润滑性能。评价润滑脂低温性能的重要指标是相似黏度，它是在一定温度和一定剪切速率下测得的黏度。相似黏度对起动阻力、功率损失和润滑脂进入摩擦面间隙的难易程度有很大影响。

5. 防蚀性

防蚀性是指润滑脂防止零件锈蚀、腐蚀的能力。润滑脂防止腐蚀的机理是它能在金属表面保持足够的脂层，可防止腐蚀性物质侵蚀金属表面。

6. 抗水性

抗水性是指润滑脂遇水后抵抗结构和稠度等改变的性能。润滑脂的抗水性主要取决于稠化剂的抗水性。汽车在行驶过程中，底盘部分的润滑部位难免接触到水，这就要求润滑脂在这种情况下仍能保持正常润滑。

7. 氧化安定性

氧化安定性是指润滑脂在储存和使用过程中抵抗氧化的能力。润滑脂氧化后，其理化指标和结构都将发生不同程度的改变，将逐步失去润滑功能。

8. 机械安定性

机械安定性是指润滑脂在机械工作条件下抵抗稠度变化的能力。机械安定性差的润滑脂，在使用过程中承受机械运转剪切作用后，其稠化剂的纤维结构不同程度被破坏，导致润滑脂变稀甚至流失，失去润滑作用。

第二节 汽车润滑脂的组成与分类

一、汽车润滑脂的组成

润滑脂由基础油(80%~90%)、稠化剂(10%~20%)、添加剂(5%)和填料(极少量)组成。润滑脂的结构是指其稠化剂和基础油组分颗粒的物理排列,稠化剂粒子和纤维构成骨架,将基础油保持在骨架中。

1. 基础油

基础油是润滑脂中的最基本组成,它分为矿物油和合成油两大类。以矿物油为基础油的润滑脂,其润滑性能良好,黏度范围宽,价格便宜,但不能同时兼备高、低温性能;以合成油为基础油的润滑脂,具有优异的黏温性能和低温特性,能同时兼备高、低温性能,其性能远优于以矿物油为基础油的润滑脂。

2. 稠化剂

稠化剂是润滑脂的重要组成部分,被相对均匀地分散在基础油中,形成如海绵或蜂窝状的结构骨架将基础油包裹起来,使其不能随意流动而成为一种膏状物质。稠化剂的性质和含量决定了润滑脂的黏稠程度和耐水耐热性能。稠化剂的耐热和耐水性越好,润滑脂的各项功能就完成的越好,零件越能得到良好的润滑。

3. 添加剂

添加剂就是指加入到润滑脂中以改进其使用性能的物质,它可以改进基础油本身固有的性质或增加其原来不具有的性质,以满足人们对润滑脂的多方面要求。

润滑脂的添加剂分为两大类,一类是化学性能改善剂,如抗磨剂、防锈剂等;另一类是物理性能改善剂,如结构改进剂。结构改进剂又称稳定剂,其作用是改善润滑脂的胶体结构,以提高润滑脂的性能。表7-1为润滑脂中添加剂的分类及常用添加剂。

润滑脂中添加剂的分类及常用添加剂　　　　表7-1

添加剂类型	化 合 物 名 称
抗氧剂	胺类:二苯胺,苯基-α萘胺,苯基-β萘胺 酚类:2,6-二叔丁基对甲酚 磺酸盐:石油磺酸钙,石油磺酸钠,石油磺酸钡 硫氮杂蒽,二芳基硒
防锈剂	亚硝酸钠,癸二酸钠,环烷酸锌,氧化石蜡钡皂,二壬基萘磺酸钡,苯并三氮唑
结构改进剂	聚甲基丙烯酸酯,聚乙烯基正丁基醚,聚异丁烯
极压剂	氯化石蜡,二苄二硫化物,二烷基二硫代磷酸锌,二丁基二硫代氨基甲酸钼
抗磨剂	环烷酸铅,硫化鲸鱼油
胶溶剂	甘油,水

二、汽车润滑脂的分类

因使用的部位及工作条件不同,车用润滑脂的品种及牌号繁多,润滑脂的分类方法一般是按照组成和用途来分类,其具体分类情况如图7-1所示。

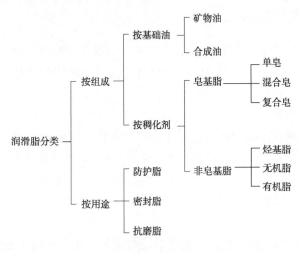

图7-1 润滑脂的分类

汽车上使用的一般是通用润滑脂,我国生产的通用润滑脂共有8个系列,可供使用选用。

1. 钙基润滑脂

钙基润滑脂是由动植物油(合成钙基脂用合成脂肪酸)与石灰制成的钙皂稠化中等黏度的矿物润滑油,并以水作为胶溶剂而制成。按其工作锥入度分为1号、2号、3号、4号四个牌号,牌号越大,润滑脂就越硬,滴点也越高。钙基润滑脂的优点是抗水性好、遇水不易乳化、容易黏附于金属表面、胶体安定性好,因此适用于经常和水或潮气接触、工作温度不超过70℃、转速低于1500r/min 的部位,如汽车转向系统的横拉杆、直拉杆,转向节主销等低负荷、低转速、工作温度不高、和水容易发生接触的部位。

但钙基润滑脂耐热性差,因为它是以水为稳定剂,钙皂的水化物在100℃左右便水解,超过100℃时便丧失稠度。所以应注意不要超过规定的使用温度,以免失水,破坏结构,引起油皂分离,失去润滑作用。钙基润滑脂的最高使用温度、应用部位见表7-2。

钙基润滑脂的最高使用温度及应用部位　　表7-2

钙基脂牌号	滴点(℃)	使用的最高温度(℃)	应 用 部 位
1号	80	55	适用于集中给脂系统和汽车底盘摩擦部位
2号	85	60	适用于汽车、拖拉机的轮毂及离合器轴承
3号	90	65	水泵、分电器、离合器轴承、横拉杆、直拉杆球关节
4号	95	70	重负荷、低转速的重型机械设备

润滑部位的轴承腔装脂时,一般只装1/2~1/3即可,装脂过多,会增加摩擦阻力,使轴承发热,增大能耗。换脂前,要将轴承洗净擦干。钙基脂应避免露天存放,防止日晒雨淋,灰

砂侵入,最好放在阴凉干燥的地方。不能用木制或纸制的包装直接盛润滑脂,因木、纸易吸油,会使脂变硬,且因封盖不严,灰砂、水分易进入脂内。

2. 石墨钙基润滑脂

石墨钙基润滑脂由动植物油钙皂稠化中等黏度的矿物油,再加入10%的鳞片石墨制成,具有良好的抗水性和极压抗磨性,滴点为80℃,适合于重负荷、低转速和粗糙摩擦面的润滑。汽车钢板弹簧、起重机齿轮转盘及半拖货车的转盘等承压部位使用石墨钙基润滑脂。能适应重负荷、粗糙摩擦面的润滑。石墨钙基润滑脂具有较好的抗水性,能适应与水或潮气接触部位的润滑。

石墨钙基润滑脂缺少时,可用2号钙基脂调入10%石墨来代替,注意配制时加热温度不应高于60℃,以免失去水分破坏钙基脂的结构,影响润滑效能。石墨是抗极压添加剂,所以石墨钙基润滑脂具有良好的抗极压性,能适应重负荷、粗糙摩擦表面的润滑。钙基润滑脂以水为胶溶剂,不怕水。因此石墨钙基润滑脂抗水性好,能适应和水直接接触部位的润滑。石墨钙基润滑脂适用于60℃以下的工作温度。石墨钙基润滑脂不适用于滚动轴承和较精密的机件。

3. 无水钙基润滑脂

无水钙基润滑脂是由12-羟基硬脂酸钙稠化低黏度、低凝点的矿物油,并加有抗氧剂和防锈剂而制成。无水钙基润滑脂具有优异的抗水性和机械安定性,还有较好的胶体安定性。无水钙基脂适用于严寒地区汽车轮毂轴承、底盘、水泵轴承等摩擦部位的润滑,严寒地区汽车也可通用无水钙基润滑脂。由于所选用的基础油不同,产品分为A型与B型两种,其中A型的使用温度范围为-50~110℃,B型的使用温度范围为-45~100℃。

4. 复合钙基润滑脂

复合钙基润滑脂是由乙酸钙复合的高级脂肪酸钙皂稠化中等黏度的矿物油制成。复合钙基润滑脂适用于工作温度为120~150℃的摩擦部位的润滑(如车辆轮毂轴承及水泵轴承等),南方有些地区将3%的二硫化钼加到复合钙基润滑脂中,取得良好效果,特别是在南方炎热、潮湿地区使用更为适宜。复合钙基润滑脂按其锥入度分为ZFG-1、ZFG-2、ZFG-3与ZFG-4四个牌号,可根据设备的负荷选用相应牌号,一般常用的是2号或3号。

因复合钙基润滑脂不以水为稳定剂,故比钙基润滑脂能耐更高的温度,且有一定的抗水性,可在潮湿环境或与水接触的情况下工作,还具有较好的机械安定性和胶体安定性,可用于较高速的滚动轴承上。复合钙基脂的缺点是有表面硬化的趋势,不宜长期储存。

复合钙基润滑脂外观颜色类似钙基润滑脂,为淡黄色到暗黄色的均匀无块状油膏,不怕水,在高温下安定性好,低温下不凝固,有较强的胶体安定性,滴点为180~240℃,是润滑脂中滴点最高的。ZFG-1号的滴点为180℃;ZFG-2号的滴点为200℃;ZFG-3号的滴点为220℃;ZPG-4号的滴点为240℃。复合钙基润滑脂的质量指标见表7-3。

复合钙基润滑脂质量指标 表7-3

牌 号	滴点(℃)	使用的最高温度(℃)	工作锥入度(25℃、150g、0.1mm)
ZFG-1号	180	55	310~340
ZFG-2号	200	60	265~295

续上表

牌　号	滴点(℃)	使用的最高温度(℃)	工作锥入度(25℃、150g、0.1mm)
ZFG-3号	220	65	220~250
ZFG-4号	240	70	175~205

复合钙基润滑脂黏温性好,具有良好的低温性能,适合汽车的任何润滑部位,特别适用于高速旋转且带有较大负荷的轴承的润滑,如轮毂和水泵轴承等。

5. 钠基润滑脂

钠基润滑脂是由天然脂肪酸钠皂稠化中等黏度的矿物油而制成。按锥入度分为2号和3号两个牌号。钠基润滑脂滴点可达160℃,耐高温,可在120℃下长时间工作,并有较好的承压抗磨性能,可适应较大的负荷;但抗水性差,遇水易乳化,不能用在潮湿环境或与水直接接触的部件。

钠基润滑脂适用于-10~120℃温度范围内一般中等负荷机械设备的润滑,不适用于与水相接触的润滑部位。可用于中型电动机、发电机的轴承和汽车、拖拉机轮毂轴承等。用合成脂肪酸制成的钠基脂其使用温度不得超过100℃。

钠基润滑脂耐热性较好,长时间在较高温度下使用也能保持其润滑性。钠基脂对金属的附着能力较强,可用于振动大、温度较高的滚动或滑动轴承上。钠基脂本身可吸收外来的水蒸气,延缓了水蒸气内渗至金属表面的过程,因此,它对金属还有一定的防护性。

6. 钙钠基润滑脂

钙钠基润滑脂是由动植物油钙钠基混合皂稠化中等黏度的矿物油制成。其性能介于钙基脂和钠基脂之间,有较好的抗水性和耐热性,抗水性优于钠基脂,耐热性优于钙基脂,可以适应湿度不大、温度较高的工作条件。钙钠基润滑脂分为1号、2号两个牌号,1号滴点为120℃,工作锥入度为250~290,适用于工作温度在85℃以下的滚动轴承;2号滴点为135℃,工作锥入度为200~240,适用于工作温度在100℃以下的滚动轴承。钙钠基脂虽有一定的抗水性,但不如钙基脂,所以不要用在与水直接接触的润滑部位上。

7. 通用锂基润滑脂

通用锂基润滑脂是由12-羟基硬脂肪酸锂皂,稠化中等黏度矿物油,再加入抗氧剂、防锈添加剂制成。通用锂基脂属于长寿命、多用途的润滑脂,可取代钙基、钠基及钙钠基脂,具有良好的抗水性、机械安定性、防锈性与氧化安定性,广泛适用于-20~120℃温度范围内各种机械设备的滚动轴承和滑动轴承及其他摩擦部位的润滑。

通用锂基润滑脂按其锥入度分为1号、2号、3号三个牌号。其中1号适用于集中给脂系统;2号适用于中转速、中负荷的机械设备,如汽车,拖拉机轮毂轴承、中小型电动机、水泵和鼓风机等;3号适用于矿山机械、汽车、拖拉机轮毂轴承,大中型电动机等设备。

8. 汽车通用锂基润滑脂

汽车通用锂基润滑脂是用天然脂肪酸锂皂稠化低凝点润滑油,并加抗氧剂、防锈剂制成。按其锥入度分为1号、2号、3号三个牌号,滴点在170~180℃,工作锥入度分别为310~340、265~295、220~250。汽车通用锂基润滑脂属于长寿命、多用途的润滑脂,可取代钙基、钠基脂,具有良好的抗水性、机械安定性、胶体安定性、防锈性与氧化安定性,广泛适用于在-30~120℃工作温度范围内的汽车轮毂轴承、底盘、水泵和发动机各摩擦部位的润滑。汽车通用锂基润滑脂的国家标准为 GB/T 5671—1995。

进口汽车和国产新车普遍推荐使用通用锂基润滑脂;部分高性能进口汽车推荐使用极压复合锂基润滑脂,它与通用锂基润滑脂的区别是具有更高的极压抗磨性,可适用于 $-20\sim160℃$ 工作温度范围的摩擦部位、高负荷机械设备的齿轮和轴承润滑。

9. 合成锂基润滑脂

合成锂基润滑脂是由合成脂肪酸馏分的锂皂稠化中等黏度的矿物油,并添加抗氧剂等制成。按锥入度分为1号、2号、3号、4号四个牌号。其特性是有一定的抗水性,可使用在潮湿和与水接触的机械部件上,有较好的机械安定性,滴点高,耐温性好。合成锂基润滑脂是一种多用途、长寿命的润滑脂,适用于工作温度在 $-20\sim120℃$ 范围内各种机械设备的滚动和滑动摩擦部位的润滑。

第三节　润滑脂的选择与使用

一、润滑脂的选择

润滑脂的品种、牌号较多,使用性能、特点各异,适用的场合、部位不同。合理地选择润滑脂类型,是使汽车得到可靠润滑的基础。目前车辆上使用的润滑脂大都为皂基润滑脂。在选用时可根据车辆使用说明书的规定,或根据机械的工作温度、运转速度、负荷大小、工作环境和供脂方式的不同,综合考虑,一般应考虑以下因素。

1. 温度

选择润滑脂时,必须注意各品种润滑脂的使用温度。环境温度高和机械运转温度高的,应选用耐高温的润滑脂,一般润滑脂的使用温度都应低于其滴点 $20\sim30℃$。

2. 转速

高速运转的机件,其摩擦部位温度升高快,最高温度高,易使润滑脂变稀而流失,使用时应选用稠度较大的润滑脂;反之,转速低的部位则可选用稠度较小的润滑脂。

3. 负荷

负荷是指摩擦面单位面积所受的压力,根据负荷选用润滑脂是保证润滑的关键之一。摩擦部位负荷大时,应选用牌号大(3号或4号)、锥入度小(稠度较大)的硬润滑脂,以免润滑脂不能承受大的负荷而被挤出去,失去润滑作用;负荷小时,选用牌号小、锥入度大的软润滑脂,以便于形成完整的油膜,具有良好的润滑效果,以及避免摩擦阻力过大,耗失动力过多。如果既承受重负荷又承受冲击负荷,则应选用含有极压添加剂的润滑脂,如含有二硫化钼的润滑脂。

4. 特殊部位要求

应根据机械工作的环境不同,选用不同的润滑脂。在潮湿环境下或与水接触的部位应选用具有抗水性能的润滑脂;在尘土较多的环境下,可选用浓稠的含有石墨的润滑脂;在含酸的环境下可选用烃基脂;如对密封有特殊要求,应选用钡基脂。

各种润滑脂的性能及选用见表7-4。

润滑脂的主要使用性能及选用范围　　　　　　　　　　表 7-4

油品	牌号	主要使用性能	选 用 范 围	使用温度(℃)
钙基润滑脂（ZG/T 491—2008）	ZG-1	主要用于拖拉机、纺织等工农业机械的滚动轴承和易于水或潮气接触部位的润滑。使用温度在 -10~60℃之间，转速在3000r/min以下的滚动轴承，一般都可以使用。主要特征是耐水性强，耐热性差	适用于集中供脂系统和汽车底盘	≤55
	ZG-2		适用于一般中转速、轻负荷的中小型机械(如电动机、水泵、鼓风机)的滚动轴承，汽车、拖拉机的轮毂轴承、离合器轴承和各种农业机械的润滑部位	≤60
	ZG-3		适用于一般中转速、中负荷的中型机械的轴承	≤65
	ZG-4		适用于一般低转速、重负荷的重型机械设备	≤70
石墨钙基润滑脂（SH/T 0369—1992）	ZG-S	抗磨极压，抗水性好，耐热性差。含10%的鳞片状石墨	适用于工作温度在60℃以下的汽车弹簧钢板、起重机齿轮转盘、矿山机械、绞车齿轮、钢丝索、升降机的滑板及其他粗糙、重荷的摩擦部位	≤60
无水钙基润滑脂	—	具有优异的机械安定性和抗水性，以及较好的胶体安定性，其抗吸湿性和抗热硬化性均优于复合钙基脂，使用温度比钙基脂高30℃	适用于寒区、严寒区汽车、拖拉机的轮毂、底盘和水泵轴承，以及电动机和风机轴承等摩擦部位的润滑。其中A型使用温度范围为 -50~110℃，B型使用温度范围为 -45~100℃	—
复合钙基润滑脂（SH/T 0370—1995）	ZFG-1 ZFG-2 ZFG-3 ZFG-4	滴点高，耐热性好，耐低温，可在 -40℃以下工作。有一定的抗水性，可在潮湿环境或与水接触的情况下工作	适用于汽车轮毂轴承。水泵轴承。将2%的二硫化钼加入复合钙基润滑脂中，适宜于南方炎热、潮湿地区使用	120~150
钠基润滑脂（GB 492—1989）	NV-2	耐热性好，耐水性差，只适用于工作温度较高，又不易于与水接触的工作部位	适用于汽车、拖拉机的轮毂轴承	≤120
	NV-3		适用于中性电动机和发动机轴承及其机械摩擦部位	≤120
钙钠基润滑脂（SH/T 0368—1992）	ZGN-1	抗水性优于钠基，耐热性优于钙基，介于钙基脂和钠基脂之间，适用于工作温度较高的部位。但不适用于低温条件和与水直接接触的部位	适用于各种类型电动车、发动机、鼓风机、汽车、拖拉机和其他机械设备轴承的润滑，如汽车水泵、离合器、传动轴和轮毂轴承	≤85
	ZGN-2			≤100

续上表

油品	牌号	主要使用性能	选用范围	使用温度(℃)
通用锂基润滑脂（GB/T 7324—2010）	ZL-1	属于长寿命,多用途的润滑脂。具有良好的抗水性,缓蚀性,可用在潮湿和与水接触的部位。具有良好的机械安定性和胶体稳定性、耐热性好,滴点高,可在较高温度下使用。是钙基、钠基、钙钠基脂的替代产品	适用于集中供脂系统	-20~120
	ZL-2		适用于中转速,中负荷的机械设备。如汽车、拖拉机轮毂轴承及中小型电动机,水泵和鼓风机等	
	ZL-3		适用于矿山机械、重型汽车、大型拖拉机轮毂及大中型电动机等	
汽车通用锂基润滑脂（GB/T 5671—1995）	L-XCCH A2	具有良好的高低温性能。具有良好的抗水性和防锈性,可用在潮湿和与水接触的部位。具有良好的机械安定性和胶体稳定性。在高温运转下,不会变质、流失,并保持良好的润滑性能	适用于汽车轮毂轴承,底盘和水泵轴承,也可用于坦克的支重轮和引导轴承轮	-30~120
合成锂基润滑脂（SH/T 0380—1992）	ZL-1H	具有耐热、耐水性能,能长期在120℃左右的环境中使用,可取代钙基、钠基及钙钠基脂	适用于集中供脂系统	-20~120
	ZL-2H		适用于中转速,中负荷的机械设备。如汽车、拖拉机轮毂轴承及中小型电动机,水泵和鼓风机等	
	ZL-3H		适用于矿山机械、汽车、拖拉机轮毂轴承及大中型电动机等设备	
	ZL-4H		适用于润滑容易流失的重负荷、低转速的滑动轴承	
二硫化钼极压锂基润滑脂	1号	具有良好的高低温性能。具有良好的抗水性和缓蚀性,可用在潮湿和与水接触的部位,具有良好的机械安定性和胶体稳定性。并具有突出的抗击抗磨性能	适用于冶金机械、矿山机械、重型机械以及汽车等重负荷齿轮和轴承的润滑。也可用于冲击负荷的重载部位,能有效防止卡咬和烧结	-30~120

二、润滑脂的使用

（1）一般汽车用润滑脂普遍推荐使用汽车通用锂基润滑脂,该润滑脂适于在一般汽车各摩擦点使用。使用汽车通用锂基润滑脂与以前使用钙基润滑脂相比可延长换油期2倍,减少磨损,简化品种。

（2）轮毂轴承是主要用脂部位,宜全年使用2号脂(南方),或冬用1号脂、夏用2号脂(北方),3号脂则只宜在热带重负荷车辆上使用。

（3）轮毂轴承润滑脂使用到严重断油、分层或软化流失前必须更换,普遍做法是在二级维护时换脂。轮毂轴承换脂时要合理充填,尽量采用空毂润滑。

（4）除轮毂轴承外,对于其他部位的润滑,装脂量也应适当,并非装得越满越好,相反如果装得太多,将增大行驶阻力。一般来讲,只装自由空间的1/2~2/3为宜。

（5）石墨钙基润滑脂不能用于高速轴承上(因其中有鳞片状固体石墨),否则会导致轴承损坏。但对汽车钢板弹簧等负荷大、滑动速度低的部位,则必须用石墨钙基润滑脂,原因是固体石墨润滑剂不易从摩擦面挤出,可起到持久的润滑作用。

（6）按使用说明书规定及时向各润滑点加注润滑脂。要求每行驶20000km向水泵轴承、离合器踏板轴、制动踏板轴、转向节主销、转向横直拉杆、传动轴各点、钢板弹簧销等处加注润滑脂。

（7）润滑脂一旦混入杂质便难以除去,因此在保存、分装和使用过程中,应严格防止灰、砂和水分等外界杂质污染润滑脂。

（8）尽量避免不同润滑脂的混用。由于各种润滑脂的化学成分和性质不同,混合在一起使用时,易产生分油增大、滴点下降等副作用。

（9）新、旧润滑脂不能混合使用(即使是同一类型也不行),因为旧润滑脂内含有大量有机酸和杂质,若与新润滑脂混合,将加速新润滑脂的氧化变质。所以在换润滑脂时,必须将零部件上的旧润滑脂清洗干净,然后加入新的润滑脂。

复习思考题

1. 车用润滑脂的使用特点是什么?
2. 润滑脂的使用性能有哪些?
3. 汽车润滑脂由哪几部分组成?
4. 汽车润滑脂有哪些类型?各有何使用特点?
5. 如何选用润滑脂?
6. 使用润滑脂有哪些注意事项?

第八章 自动变速器油

汽车自动变速器中所用的液力传动油称为汽车自动变速器油,简称 ATF(Automatic Transmission Fluid)。自动变速器油是一种多功能、多用途的特殊高级润滑油,自动变速器油用于自动变速器中,能自动适应汽车行驶时的阻力变化,提高汽车的动力性能,使发动机处于最佳工作状态,确保运转均匀、起步平稳、加速迅速、乘坐舒适。如今使用的自动变速器专用油液既是液力变矩器的传动油,又是行星齿轮结构的润滑油和换挡装置的液压油。自动变速器油主要具有下列功用:

(1)传力作用。液力变矩器通过自动变速器油将发动机的动力传递给变速器。

(2)控制作用。液压控制系统利用自动变速器油传递压力和运动,从而完成对换挡元件的操控。

(3)润滑作用。自动变速器油对行星齿轮机构、执行元件以及轴承进行润滑,防止部件磨损。

(4)冷却作用。自动变速器油在流动中将变速器内产生的热量带出并传递给冷却系统,以控制自动变速器内部的温度。

(5)清洁作用。自动变速器油能对自动变速器内各部件表面进行清洁。

(6)密封作用。自动变速器油能对变速器内的摩擦副进行密封。

第一节 自动变速器油的使用性能

一、黏温性

因自动变速器油的实际工作温度范围较宽(一般为 $-40 \sim 170℃$),且自动变速器的工作性能受自动变速器油的黏度影响较大,所以黏度是自动变速器油最重要的性能之一。

自动变速器油作为动力传动介质,其黏度对变矩器的效率影响极大。黏度越小,其传动效率就越高。但黏度也不能过小,否则又会导致液压系统中油的泄漏增加,引起换挡不正常;相反,若采用黏度过大的油液,虽然在一定程度上可满足液压控制和润滑的要求,但又会影响液力变矩器的传动效率,同时还会造成低温情况下车辆起动困难。

为保证自动变速器的正常工作,要求自动变速器油在正常工作温度变化范围内,其黏度变化越小越好。为兼顾高温和低温工况对黏度的不同要求,常用自动变速器油在 100℃ 时的运动黏度一般在 $7mm^2/s$ 左右。为改善自动变速器油的黏温特性,使其黏度随工作温度的变化不过于明显,通常在基础油中加入一定量的黏度指数改进剂。

二、热氧化安定性

自动变速器油的使用温度很高,如果其热氧化安定性不好,则会生成油泥、漆膜、沉淀物以及酸性物质。即使是少量沉淀物,也会使自动变速器压力控制机构的管路和阀门的工作受到严重影响,如堵塞滤清器,使液压控制系统失灵、离合器和制动器打滑等,甚至造成自动变速器损坏;油内氧化生成的酸性物质对轴承、橡胶密封材料也有损害。因此,对自动变速器油的热氧化安定性有较严格的要求,为此,需要向油中加入抗氧化剂。

三、抗磨性

为确保自动变速器的行星齿轮机构、轴承、垫圈和油泵等长期正常工作,要求自动变速器油必须润滑良好。变速机构中主要零件的接触面多为钢和钢、钢和青铜等,要求自动变速器油应保证对这些不同材料的摩擦副都能有良好的抗磨性。抗磨性还与离合器的传动问题、自动变速器的寿命及特性有关。要求自动变速器油既能可靠地传力,又能良好地润滑各运动部件,摩擦系数又不能太小,否则离合器将难以接合。

四、抗泡沫性

自动变速器油产生泡沫对液力传动系统危害极大。油液中的泡沫使自动变速器油的润滑性能变差,使液力变矩器传递效率下降,导致自动控制系统的准确性变差,其可压缩性导致液压系统压力波动和下降,甚至供油中断。起泡不太严重时,换挡动作可能出现延迟或反复无常;起泡严重时,执行机构中的离合器和制动器会出现打滑,伴随大量摩擦热的产生,引起机件磨损增加甚至烧毁。为提高自动变速器油的抗泡沫性,一般在其中加入抗泡沫添加剂。

五、摩擦特性

自动液力变速器换挡执行机构的离合器属于湿式多片摩擦离合器,自动变速器油作为摩擦介质,要求有与摩擦片相匹配的静、动摩擦系数;否则,会影响换挡性能。

六、对橡胶材料的适应性

自动变速器油不应使自动变速机构中使用的丁腈橡胶、丙烯橡胶和硅橡胶等密封材料过分膨胀、收缩和硬化,否则将会产生漏油和其他危害。

在传动装置和冷却器中安装有铜接头、黄铜轴瓦、黄铜过滤器、推力垫圈等部件,均含有大量易锈蚀金属,因此,自动变速器油必须具有防腐、防锈性能。

第二节 自动变速器油的组成

自动变速器油是由基础油与多种添加剂调和而成。在主要的几种润滑剂中,例如发动机润滑油、液压油、齿轮油和自动变速器油,自动变速器油是配方最复杂、调配最困难的一种润滑剂,也是技术含量最高的润滑剂。其各添加剂组分相互作用,对油品性能影响相当复杂,因此,正确选用添加剂并平衡每一种添加剂的效能和对其他性能影响的关系,是调配自动变速器油的关键。

一、基础油

基础油的性能主要影响自动变速器油的黏度指数、低温流动性、氧化安定性和密封材料适应性。石蜡基基础油黏度指数较高,但低温流动性较差,对橡胶有收缩作用;环烷基基础油的橡胶密封指数特别好,但黏度指数较低,影响油品的高温性能;加氢精制油及合成基础油除橡胶密封指数外,其他各方面的性能均优于石蜡基和环烷基基础油,但其价格较高。

液力传动油多采用溶剂精制或加氢精制的基础油。

二、添加剂

由于对自动变速器油的性能要求非常严格,因而仅基础油是远远不够的,还必须向基础油中加入各种各样的添加剂。常用的添加剂有黏度指数改进剂、抗氧剂、极压剂、抗磨剂、油性剂、抗泡剂、防锈剂、清净分散剂、金属钝化剂和抗橡胶溶胀剂等,表8-1所列为自动变速器油常用的添加剂种类及化合物名称。

自动变速器油常用的添加剂　　　　表8-1

添加剂类型	化 合 物 名 称
黏度指数改进剂	聚异丁烯,聚甲基丙烯酸酯,聚正丁基乙烯基醚
清净分散剂	金属磺酸盐,烯基丁二酸酰胺,烷基硫代磷酸盐
金属钝化剂	二硫代磷酸锌,烷基硫化物,有机氯化物
抗氧剂	二硫磷酸盐,烷基酚,芳香胺
抗磨剂	二烷基二硫代磷酸锌,磷酸酯,有机硫氯化合物,胺类
防锈剂	十二烯基丁二酸盐,咪唑啉盐,金属磺酸盐,胺类
防腐剂	二硫代磷酸锌,高碱性金属磺酸盐
抗泡剂	硅油
抗橡胶溶胀剂	磷酸酯,芳香烃化合物,氯化烃类
油性剂	脂肪酸,酰胺,豚酯,硫化鲸鱼油,磷酸酯

第三节　自动变速器油的规格

截至目前,自动变速器油尚没有统一的国际标准,市面上的自动变速器油无论是哪家制造商的产品,基本上是用通用汽车公司(GM)的 Dexron、DexronⅠ、DexronⅡ型和福特汽车公司的 Mercon 型规格标准来标称的。

ISO 6743/A 分类标准把液力传动系统工作介质分为适用于自动传动装置的 HA 油和适

用于功率转换器的 HN 油。美国材料试验协会(ASTM)和美国石油学会(API)把液力传动油按使用条件,分为 PTF-1、PTF-2 和 PTF-3 三个类别。由于汽车自动变速器油属于液力传动油,所以自动变速器油也使用该分类方法,具体见表 8-2。

液力传动油(自动变速器油)分类　　　　　　表 8-2

类别	性能	应用范围	相应规格
PTF-1	低温流动性、起动性和黏温性好,但极压、抗磨性能不及后两类(相当于我国的 8 号)	轿车、轻型货车的 AT	通用汽车公司 GM Dexron 系列 福特汽车公司 Ford Mercon 系列 Caterpillar MS-4228/3256
PTF-2	适于重负荷下工作,极压、抗磨性能好(相当于我国的 6 号)	重型车、越野车、工程机械等 AT	GM Truck、Coach GM Allison C-3、C-4、C-5 Caterpillar TO-3、TO-4
PTF-3	极压、抗磨性能和承载能力比 PTF-2 更高	农业机械及野外建筑机械液力传动油	John Deere J-20B、J-14B Ford $M_2C_{41}A$、$M_1C_{86}A$

在美国,主要由各大汽车公司或液力传动装置制造厂制定自己的专用汽车自动变速器油规格。如美国通用汽车公司的 GM Dexron、福特公司的 Ford Mercon、通用汽车公司阿里森分部的 Allison C 系列和卡特皮勒公司的 Caterpillar TO 系列,其中以通用和福特两家汽车公司的自动变速器油居主导地位。

我国现生产的自动变速器油,按 100℃ 运动黏度分为 8 号和 6 号两种。8 号自动变速器油在分类上相当于表 8-2 中的 PTF-1 类油或通用汽车公司的 Dexron,主要用于各种小轿车、轻型货车的液力自动传动系统,也曾作为过去生产的国产轿车的自动变速器油,其中加有黏度指数改进剂、摩擦改进剂、抗磨剂、抗氧化剂、降凝剂等,其外观呈红色透明状(也有不加着色剂的国产 8 号自动变速器油)。国产 6 号自动变速器油相当于 PTF-2 类油,它主要用于内燃机车、重负荷卡车、履带车、越野车等大型车辆液力变矩器和液力耦合器。还可用于工程机械的液力传动系统。国产 8 号和 6 号自动变速器油的规格分别见表 8-3 和表 8-4。

目前,世界各国主要使用 GM 公司的 Dexron、Dexron Ⅰ、Dexron Ⅱ 型和 Ford 公司的 E、F 型。

国产 8 号自动变速器油规格　　　　　　表 8-3

项目	质量指标	试验方法
运动黏度(mm^2/s):100℃ -20℃	8 2000	GB/T 265—1988
闪点(开口,℃)	160	GB/T 265—1988 或 GB/T 3536—2008
凝点(℃)	-55(-25)	GB/T 510—1988

续上表

项 目	质量指标	试验方法
机械杂质(%)	无	GB/T 511—1988
水分(%)	无	GB/T 3142—1988
临界负荷(常温,N)	800	GB/T 3142—1988
抗泡沫性(93℃,24℃,mL)	50	GB/T 12579—1990
腐蚀(铜片,100℃,3h)	合格	GB/T 0195—1992

国产 6 号自动变速器油规格　　　　　　　　表 8-4

项 目	质量指标	试验方法
运动黏度(50℃,mm²/s)	18～24	GB/T 265—1988
酸值(mgKOH/g)	0.08	GB/T 264—1983
闪点(开口,℃)	160	GB/T 267—1988 或 GB/T 3536—2008
凝点(℃)	-35	GB/T 510—1988
水溶性酸或碱	无	GB/T 295—1988
灰分(%)	0.005	GB/T 508—1985
机械杂质(%)	无	GB/T 511—1988
水分(%)	无	GB/T 260—1988
腐蚀(铜片,100℃,3h)	合格	SH/T 0195—2000
抗氧化安定性:氧化后酸值	0.35	SH/T 0193—2008
氧化后沉淀(%)	0.1	—

第四节　自动变速器油的选择与使用

一、自动变速器油的选择

做好了自动变速器油的使用、检查和更换,实际上就是做好了自动变速器的维护。自动变速器油一般每 6 万～12 万 km 更换一次,恶劣行驶情况每 6 万 km 更换一次。在选择自动变速器油时,应尽量选用汽车维护手册规定的品种型号,因为这是汽车厂家根据汽车变速器的技术指标设计出有针对性的油品,使用这样的油品可以保持变速器良好的力学性能,延长使用寿命。不使用原厂油还可能造成索赔权利的丧失。

在没有原厂油品的情况下,自动变速器油的选用也应严格遵循使用规定,不同牌号、不同品种的 ATF 不能混用,同牌号不同生产厂家的也不宜混用。例如,美国通用、福特和克莱斯勒三大汽车公司所有原厂加注的自动变速器油均为石油基产品,而日本和欧洲的汽车公司却使用了部分乃至全合成的自动变速器油。即便同是石油基产品,通用汽车公司使用的是 DEXRON 系列油品,而福特汽车公司却是 F 型和 MERCON 自动变速器油。

自动变速器油也可按照以下方法选用:日本、欧洲车系,推荐使用 Dexron Ⅱ/Ⅲ/Ⅳ ATF;福特车型常选 ATF-F,其他美国车系多使用 Dexron Ⅱ/Ⅲ;国产车则选用 8 号或者 Dexron Ⅱ。表 8-5 是我国部分常见乘用车型所用自动变速器油的情况。

国内部分常见乘用车型所用自动变速器油型号　　　　　表 8-5

车　型	装用变速器	ATF
上海通用别克、别克君威、GL8 及陆尊	4T65 E 变速器	Dexron Ⅲ
凯迪拉克、别克荣御	SL40E 变速器	
富康、爱丽舍	AL4 变速器	Citroen 96.36.22
捷达、宝来	01M 变速器	大众油品零件号: G 052 162A1 (0.5L/桶) G 052 162A2 (1L/桶)
桑塔纳、帕萨特	01N 变速器	
奥迪 A6、帕萨特 B5	ZF 5HP-9	
奇瑞	4HP-4 变速器	Dexron Ⅱ、Ⅲ 或 DexronM
索纳塔、伊兰特、欧蓝德、奇瑞东方之子	F4A42 变速器	Diamomd ATF SP-Ⅲ SK ATF SP-Ⅲ
广本雅阁3.0	B7 XA 变速器	Honda ATF Premidm 或 Dexron Ⅱ、Ⅲ
广本雅阁	MAXA 变速器	
福特蒙迪欧	CD4E 变速器	ESP-M2C1615-1

二、自动变速器油的使用

自动变速器油是一种长寿命油,按时间计其换油周期一般为 1~2 年,与发动机润滑油及齿轮油不同,它没有黏度级别,选择时不需要考虑气温。因为自动变速器油的性能规格中就已经规定它为通用油,有严格的低温要求,可四季通用,一般它的适用温度范围为 -30~50℃。因此,选用 ATF 时只需根据车辆类型及性能选用合适的规格即可。自动变速器油使用寿命的长短、性能发挥得如何,都与使用有着密不可分的关系,在使用中应注意以下几点。

1. 严格控制加注量

若油面低于标准,机油泵会吸入空气,导致空气混入工作液,降低油压,造成各控制阀和执行元件动作失准,操纵失灵,离合器片、制动器会早期磨损,加速自动变速器油的氧化变质,运动件得不到充分可靠的润滑,就有可能因过热而引发运动件卡滞及产生噪声。当油面过高时,会由于机械搅拌而产生大量泡沫,这些泡沫进入液压控制系统,也会引发润滑不良等一系列问题;如果控制阀体浸没于自动变速器油中,则液压管路中的制动器、离合器的泄油口会被自动变速器油阻塞,施加于离合器、制动器的油压不能完全释放或释放速度太慢,使离合器、制动器动作迟缓;在坡路行驶时,由于过多的油在油底壳中晃动,还可能从加油管往外窜油,容易引起火灾。

2. 精准检查油量

生产厂家不同,自动变速器油量的检查条件也不同,油尺的刻度标准也不完全相同。检查时一般要求:变速器处于热态(油温 50~80℃),汽车停放在水平路面上,发动机怠速运转,使自动变速器在各挡位轮换停留短暂时间,使油液充满变矩器和油缸,然后将发动机熄火,挡位放于 P 位或 N 位。此时抽出油尺,用干净的抹布擦净后重新插入,再拔出油尺检查,油面应达到油尺上规定的上限刻度附近为准。需要注意的是:油尺上的冷范围(COOL)用于常温下检测,只能作为参考,而热范围(HOT)才是标准的。如果油量超出允许范围,则应添加或排出部分油液。

3. 正确加注

(1)将变速器预热至工作温度(或行车后停车时换油),以便降低油的黏度,确保油内杂质和沉淀物随油一起排出。

(2)将汽车停放在水平路面上,拉紧驻车制动器操纵杆,选挡杆放在 P 位上。

(3)打开放油口将油放出,注意检查自动变速器油的状态,以便分析自动变速器的情况。

(4)放完油后,应视情况拆下油盘,彻底清洗油盘和过滤器滤网,然后分别安装好。

(5)加油时,应关闭放油口,从加油口缓慢注入,使油面达到规定标准。

(6)起动发动机,在发动机怠速情况下,在所有挡位稍作运转后回到 P 位。

(7)待变速器充分热起后(油温 50~80℃),检查油量,然后视情补加。

(8)废油须密封保存,交由环保部门指定的厂家集中处置,不能自行处理。

4. 判断品质

正常的自动变速器油,其颜色应清澈略带红色。但自动变速器内的工作温度很高(可达170℃),使得自动变速器油随时间推移,其质量因高温氧化等原因逐渐下降,油的颜色也由红色逐渐变为暗红或褐色,并逐渐丧失其功能,使变速器内机件磨损增加,离合器和制动器出现打滑现象。因此,必须加强对油液品质的检查。油质的检查,可用检测仪器进行;如无检测设备时,可通过检查油质、颜色、气味和杂质等手段确认其是否过热变质。具体方法为在发动机怠速运转状态下,挡位放在 P 位,抽出油标尺观察油标尺上的油,油质应清澈纯净略带红色,如颜色变黑、气味大、有烧焦味且含有杂质而浑浊,或用手捻时感觉有杂质,说明油已变质,应及时更换。

5. 确定换油周期

由于自动变速器结构复杂精密,要想保持其良好的技术状况,维护很关键,最好按照汽车厂家的规定进行换油维护。如果不及时换油,脏油中的油泥积炭会形成颗粒,从而加大各摩擦片及各部件的磨损,严重的还会堵塞滤网;还会使各阀体油管中的油流动不畅,影响动力传递,从而使自动变速器提速慢或失速,严重者会使某个挡位无油压导致烧片;脏油还会使各缸之间的密封胶圈过早老化,使各缸卸油油压受影响,造成提速慢、失速等故障。据美国变速器协会(ATSG)统计,在美国每年有 1300 万个自动变速器出故障,90% 以上是由于换油不及时造成的。

每个汽车制造厂家都会为自己生产的汽车制定相应的换油周期。不同的生产厂商,规定的换油周期不尽相同,不同用途的汽车换油周期也不同。汽车制造厂家换油周期一般都规定有两个指标,即里程数和时间,以先到者为准。

汽车厂家均为自己生产的汽车制定了相应的换油周期。如上海大众、一汽大众、广州本田、东风标致雪铁龙、长安福特等厂家普遍规定每 6 万 km 或 2 年更换自动变速器油;奔腾用户手册规定 4 万 km 或 24 个月更换自动变速器油。

对换油周期,虽然汽车厂家已经规定了时间和里程间隔,但长期在苛刻的条件下使用的车辆,行驶 2 万 km 或 12 个月,应根据检查情况及时更换自动变速器油;当然,对于工作环境比较优越的车来说,在确保油品质量良好的情况下,也可适当推迟换油。

6. 判断变速器的工作状况

自动变速器的工作状况是否正常,与自动变速器油质量的好坏有很大的关系。经验表明,可以通过自动变速器油颜色的变化,可初步判断自动变速器的工作是否正常。

(1) 颜色清淡且含有气泡。造成这种情况有两种原因:一是密封不严,空气与油液相混合而产生气泡;二是油平面太高,油被齿轮搅动而产生气泡。

(2) 呈极深的暗红色或褐色。这种情况一般是因为长期拖挡或汽车本身负荷较重,变速器经常超负荷工作而导致自动变速器油长期出现过热现象而造成的。这种情况还会造成制动带或离合器总成的损坏。此外,若自动变速器油长期使用而不进行更换,变质后也会呈极深的暗红色或褐色。

(3) 油标尺上有油膏状的东西。有这种现象就说明变速器长期过热(温度过高)。变速器油长期过热,会加速其变质过程,使油液产生沉淀、积炭而形成油膏。油膏会堵塞细小通孔,影响自动变速器油的循环,使油进一步过热,沉淀更多,形成恶性循环。出现这种情况应及时清除,否则将会导致变速器损坏。

(4) 油标尺上有固体残渣。这种情况一般为制动带或离合器总成有故障或损坏,使油液中出现残渣。若变速器使用正常,可继续短期使用;若残渣很多,变速器出现打滑现象时,则应进行故障检修。

油液变质后,应针对具体原因予以排除。因变速器过热引起的变质,应先检查油平面的高低是否合适,可适当地放出旧油加注新油。如效果不好,则应检查各管路是否堵塞,如有堵塞,必须清洗重装。若仍排除不了,就需要全面检修变速器。对于因油平面太高或密封不严而引起的泡沫,则应恢复正常平面或找到密封不严的部位进行检修。当油液中有固定残渣时,应根据情况而定。

1. 自动变速器油的功用有哪些?
2. 自动变速器油有哪些使用性能?
3. 自动变速器油由哪几部分组成?
4. 自动变速器油如何分类?
5. 如何选择自动变速器油?
6. 如何正确使用自动变速器油?

第九章　汽车传动油

传动油不同于液压油,尽管它们都是采用液体作传动介质来传递能量。通常将利用液体压力能的液压系统所采用的液体传动介质称为液压油;而利用液体动能来传递能量的传动系统所使用的介质称液力传动油,这两种油对油品的性能要求是不同的,液力传动油往往比液压油要求严格。

第一节　汽车制动液

汽车制动液是汽车液压制动系统中所采用的传递压力以制止车轮转动的工作介质。现代汽车的制动液多为合成型制动液,按照合成原料的不同分为醇醚型和酯型两种。汽车制动液的工作温度范围很宽,要求在使用范围内有良好的流动性。气温低时制动液的黏度会增大,低温流动性会变差;而在夏天气温高时汽车液压制动系统则易产生气阻。

一、制动液的使用性能

对汽车制动液的性能要求是:黏温性好,凝固点低,低温流动性好;沸点高,高温下不产生气阻;使用过程中品质变化小,并不引起金属件和橡胶件的腐蚀和变质。

1. 高温抗气阻性

平路行驶时,汽车制动液的温度一般在100℃以下,而在山区行驶或频繁制动时,汽车制动液的温度可达100~150℃甚至更高。如果制动液的沸点过低,汽车的液压制动系统在高温时会由于制动液的蒸发而产生"气阻"。液压制动系统一旦发生"气阻",由于气体的可压缩性,此时即使踩下制动踏板也不能使液压上升,引起制动失灵。产生气阻的原因一是制动器中产生摩擦热过高;二是制动液中易挥发组分的沸点过低。所以防止气阻产生的措施也应从改进摩擦系统的结构和提高制动液的平衡回流沸点来实现。因此高温抗气阻性是对制动液的主要使用性能之一。为了在夏天不产生气阻,保证行车安全,要求汽车制动液具有良好的高温抗气阻性,即其沸点要高,挥发性要低。

评定汽车制动液高温抗气阻性的指标是平衡回流沸点、湿平衡回流沸点和蒸发性。

2. 运动黏度和润滑性

汽车制动液不但要具有良好的流动性,而且为了保持制动缸和橡胶皮碗间能很好地滑动还要求制动液具有适当的润滑性。此外,还要求制动液的黏度随温度的改变变化小,即黏温性能较好,因此在制动液规格中都规定了-40℃最大运动黏度和100℃的最小运动黏度。

3. 抗腐蚀和防锈性

制动系统的主缸、轮缸、活塞、导管、复位弹簧和阀门等主要采用铸铁、铜、铝及其他合金制成,要求制动液不会引起金属腐蚀或锈蚀以防产生制动失灵。另外,也要防止制动液与橡胶反应后的生成物对金属的腐蚀作用。制动液的金属腐蚀性通过金属腐蚀试验来评定。

4. 与橡胶的配伍性

为了保证制动系统中的皮碗、软管、油封等橡胶件正常工作,要求制动液应具有良好的橡胶适应能力,对与其接触的橡胶零件不会造成显著的溶胀、软化或硬化等不良影响,否则导致漏油、泄压而使制动失效。制动液与橡胶配伍性通过橡胶皮碗试验评定。

5. 稳定性

要求制动液具有优异的高温稳定性和化学稳定性,即制动液在高温与相溶液体混合后平衡回流沸点的变化要小,保证制动液在储存和使用过程中,不会产生分层、变质等现象,不形成沉淀物,并且不引起制动系统金属零件的生锈、腐蚀等。

6. 溶水性

要求制动液吸水后能与水互溶,不产生分离和沉淀。制动液在使用过程中会逐渐吸收空气中的水分,当水不能被制动液溶解时,就会对金属部件产生腐蚀。此外,水在低温时结冰凝固易引起堵塞,而在高温时汽化又易产生气阻。故要求制动液既能把进入制动系统的水分溶解,又不能因为有水而变质。制动液的溶水性通过溶水性试验评定。

7. 抗氧化性

制动液的抗氧化性是决定制动液储存期和使用寿命的重要因素。零件腐蚀一般是因制动液氧化而引起的,所以制动液应具有良好的抗氧化性。制动液的抗氧化性通过抗氧化性试验评定。

二、制动液的类型

汽车制动液按其生产原料分为三种类型:醇型、矿物油型及合成型。

1. 醇型制动液

醇型制动液由精制的蓖麻油和低碳醇(乙醇或丁醇)配制而成。醇型制动液由于沸点较低(70℃),炎热季节或山区行车易产生气阻,在 -25℃ 以下时有白色沉淀析出易堵塞管路,且醇型制动液挥发性大、易燃、对金属部件腐蚀大,因此我国早已规定自 1990 年 5 月 1 日起出厂的液压制动汽车不得使用醇型制动液。

2. 矿物油型制动液

矿物油型制动液是以深度脱蜡的精制柴油馏分作为基础油,加入增黏剂、抗氧化剂、防锈剂和红色染料等调和而成的红色透明液体。矿物油型制动液无统一的质量标准,多采用企业标准。按企业标准生产的 7 号(用于严寒地区)、9 号(用于最低温度在 -25℃ 以上地区)矿物油型制动液,具有低温流动性好的特点。

矿物油型制动液的温度适应性比醇型好,可在 -50~150℃ 的温度范围内使用,对金属无腐蚀作用,但由于与天然橡胶的配伍性差,故使用矿物油型制动液的制动系统其皮碗、软管等必须使用耐油橡胶制品,以免橡胶件受到腐蚀而使制动失灵。此外,矿物油型制动液水溶性差,在高温下水汽化产生"气阻"影响制动效果,不能确保车辆行车安全,加之对一般橡胶有溶胀作用,所以包括我国在内的世界许多国家已不再使用矿物油型制动液。

3. 合成型制动液

合成型制动液是用醚、醇、酯等掺入抗氧化剂、润滑剂、防锈剂、抗橡胶溶胀剂等多种添加剂制成的制动液。

合成型制动液又分为醇醚型、酯型和硅油型三大类型,使用最多的是醇醚型和酯型。

1) 醇醚型

醇醚型的化学成分为低聚乙二醇或丙二醇。低聚乙二醇或丙二醇具有较强的亲水性,所以在使用或储存的过程中其含水量会逐渐增高。由于制动液的沸点会随着水分含量的增高而降低,所以其制动性能会随之下降。在行驶中当发现需要用力踩制动踏板才能制动时,一个很可能的原因就是制动液的水分含量过高。DOT3 型制动液即为醇醚型。

2) 酯型

酯型是在醇醚型的基础上添加大量的硼酸酯而成的。硼酸酯的沸点比低聚乙二醇或丙二醇更高,所以其制动性能更好。硼酸酯还具有较强的抗湿能力,它能分解所吸收的水分,从而减缓了由于吸水而导致的沸点下降。所以酯型性能比醇醚型更好,价格也更高。DOT4 型制动液即为酯型。

3) 硅油型

硅油型的化学成分为聚二甲基硅氧烷,它的沸点在这三类中是最高的,所以价格也最贵。由于聚二甲基硅氧烷具有很强的疏水性,因此硅油型几乎完全不吸水。DOT5 型制动液即为硅油型。

与醇型和矿物油型相比,合成型制动液具有以下优点:

(1) 具有较高的平衡回流沸点和良好的低温流动性能。

(2) 具有良好的高温稳定性能。

(3) 具有良好的液体相溶性能。

(4) 与橡胶件有良好的配伍性能。

(5) 具有优异的化学稳定性能和耐热性能。

(6) 不腐蚀制动系统的金属件。

合成型制动液在我国各地一年四季均可使用,已成为我国的通用型制动液。需要加以说明的是,尽管我国已规定停止生产、销售、使用醇型和矿物油型制动液,但实际上仍有流通,原因主要是价格较低。使用这类产品时,切不可与合成制动液混用,存放过程中要注意密封,防止挥发或进入水分。

三、制动液的规格标准

目前,国际上通用的汽车制动液标准有三个:美国联邦发动机车辆安全委员会制定的 FMVSS No.116 标准;美国汽车工程师协会制定的 SAE 标准;国际标准化组织制定的 ISO 4925 标准。目前,西欧、美国、日本等发达国家的制动液仍执行 FMVSS No.116 标准,我国制动液也是参照这一标准进行分级的。

我国现行的制动液标准《机动车辆制动液》(GB 12981—2012)为强制性标准。GB 12981—2012 将制动液分为 HZY3、HZY4、HZY5 和 HZY6 四个级别,其中 H 代表"合成",Z

代表"制动",Y 代表"液体"。HZY3、HZY4、HZY5、HZY6 分别对应国际标准 ISO 4925:2005 中的 Class3、Class4、Class5.1、Class6;HZY3、HZY4、HZY5 对应于美国交通运输部制动液类型上的 DOT3、DOT4、DOT5.1(硼酸酯型)。对汽车制动可靠性影响最大的是制动液的高、低温性能。从制动液的标准看,主要也是因为这项指标和沸点指标的不同,而制定出不同的各个级别。表 9-1 列出了我国汽车制动液规格与国外的对照。

国内、外汽车制动液规格对照　　　　　　　　表 9-1

GB 12981—2012	美国 FMVSS No.116 标准	美国 SAE 标准	国际标准 ISO 4925
HZY3	DOT3	SAEJ1703	Class3
HZY4	DOT4	SAEJ1704	Class4
—	DOT5	SAEJ1705	—
HYZ5	DOT5.1		Class5
HYZ6	—		Class6

注:DOT5 为硅油型;DOT5.1 为硼酸酯型。

四、制动液的关键技术指标

我国现行的制动液标准《机动车辆制动液》(GB 12981—2012)为强制性标准,共有 15 项技术指标要求,分别是外观、平衡回流沸点、湿平衡回流沸点、运动黏度(100℃、-40℃)、pH 值、液体稳定性、腐蚀性、低温流动性和外观、蒸发性能、溶水性、液体相容性、抗氧化性、橡胶相容性、行程模拟性能和防锈性能。其中最主要的技术指标如下。

1. 外观

制动液的外观应清澈透明、无杂质、无沉淀和悬浮物。

2. 平衡回流沸点

平衡回流沸点是表示在冷凝回流系统内与大气平衡条件下,试样沸腾的温度。平衡回流沸点是评价制动液高温抗气阻性能的指标,也是决定汽车在高温条件下制动可靠性和质量等级的主要指标,该温度越高,其制动液的高温性能就越好,越不易产生气阻,制动就越安全可靠。现代汽车制动系统,由于汽车平均速度的增加及密闭式车轮设计导致空气流动不好,使制动液要承受较高的温度,因此制动液的沸点要高,以防制动液因汽化而产生气阻,使制动失灵。所以,在制动液规格标准中都对平衡回流沸点作了规定,国家标准 GB 12981—2012 中,规定了 HZY3、HZY4、HZY5、HZY6 制动液的平衡回流沸点分别不小于 205℃、230℃、260℃和 250℃。

3. 湿平衡回流沸点

湿平衡回流沸点是对一定容积的制动液,按一定方法增湿后所测得的平衡回流沸点,以评定制动液吸水后平衡回流沸点的下降趋势。汽车在使用中,制动液会不可避免地吸入水分,吸有水分的制动液的平衡回流沸点和气阻温度都会降低,这就会影响制动液的使用性能。国家标准 GB 12981—2012 中,规定了 HZY3、HZY4、HZY5、HZY6 制动液的湿平衡回流沸点应分别不小于 140℃、155℃、180℃、165℃。

4. 运动黏度

汽车行驶时,若频繁制动可使制动蹄片温度因摩擦发热高达250℃甚至更高,这些热量有一部分传给制动液,使其工作温度达近100℃,甚至最高可达150℃。为了保证制动液在温度升高到一定程度时仍能具有良好的润滑和密封性能,国家标准 GB 12981—2012 中规定,高温运动黏度(100℃)不小于 $1.5 mm^2/s$;在最低温度约 -40℃ 的寒冷地带,则要求制动液不能出现结晶、分层等现象。否则易造成制动迟缓,甚至制动失灵,因此规定 HZY3、HZY4、HZY5、HZY6 制动液 -40℃ 时的运动黏度分别不大于 $1500 mm^2/s$、$1500 mm^2/s$、$900 mm^2/s$ 和 $750 mm^2/s$。

5. 对橡胶适应性

为了保证制动液不渗漏,并传递制动能量,制动主缸和轮缸中使用了橡胶皮碗及垫圈等橡胶件。制动液直接与这些橡胶部件相接触,为了保证这些橡胶件正常工作不引起过度的软化、溶胀、固化和收缩,要求制动液有良好的橡胶适应性,不会使橡胶产生溶胀等作用。

6. 对金属腐蚀性

汽车制动系统金属件有铁、铜、铝及合金等多种金属元素,这些金属一旦被腐蚀,制动液容易漏失且金属部件易被锈蚀,出现卡死现象,导致制动失灵。所以,制动液必须具有优良的金属防护性能。合格的制动液都含有防腐剂、抗氧化剂等添加剂,以减少金属的腐蚀。

7. pH 值

汽车制动液在储存和使用过程中会发生氧化,生成酸性物质,为了使制动液具有适当的中和酸性物质的能力,减小对金属、橡胶等与制动液接触材料的腐蚀,制动液应具有一定的碱性和储备碱度,要求使用中的制动液 pH 值在 7~11.5(最好在 8.0~9.5 之间),以保证比较活泼的铝等金属零部件不受腐蚀。

五、汽车制动液的选择、使用与更换

1. 制动液的选择

车辆制造厂家在车辆使用说明中都明确规定或推荐了该车辆制动系统应该使用的制动液产品质量等级,有的生产厂家还给出了具体的制动液产品品牌和型号。因此,车辆使用和维修人员应该尽量按照说明书的规定选用相应的制动液。正确选用制动液包括正确选择制动液的种类和质量等级。

我国目前主要使用的是合成型制动液。一般微型、中低档汽车适宜选用 HZY3(或 DOT3、Class3)标准的制动液;而中高档车建议选择 HZY4(或 DOT4、Class4)标准的制动液;HZY5(或 DOT5.1、Class5)制动液主要用于军车和赛车上,适用于砂石荒漠等苛刻条件,民用车很少采用;HZY6(或 Class6)则适于极寒区的车辆使用。

购买汽车制动液时应注意以下几点:

(1)尽量到资质合格的大型销售场所购买,以防假冒伪劣产品。

(2)尽量购买长期为汽车厂提供配套制动液的生产厂家的产品或品牌知名度较高的产品,确保质量可靠,性能稳定。

(3)在种类选择上,首先选择合成型制动液,如果没有合成型制动液再考虑矿物油型制动液,不到万不得已不要购买已淘汰的醇型制动液。

2. 制动液的使用

（1）制动液牌号可以高代低，不能以低代高。具体讲就是可以用 HZY4 制动液代替 HZY3 制动液，而不能以 HZY3 制动液代替 HZY4 制动液。

（2）各种制动液（不同品牌、不同型号）不得混用。不同种类的制动液所使用的原料、添加剂和生产工艺不同，混合后会出现浑浊或沉淀现象，这不仅会大大降低原制动液的性能，而且沉淀颗粒会堵塞管路造成制动失灵的严重后果。由于每种产品所加入的添加剂不同，所以即使是相溶性较好的同一种类的制动液，如果品牌不同，也不能混用。因此，换用不同型号制动液时，应将制动系统彻底清洗干净后，再加入新的制动液。

（3）定期更换制动液。汽车制动液会吸收大气中的水分，使用时间越长，吸水量就越多，制动液的沸点就越低，水还会使制动液其他性能指标降低，从而影响行车安全。因此使用中的制动液应定期更换。制动液一般 4 万 km 或两年更换一次，更换时，严禁水和其他油混入，并一定要将制动液系统洗净擦干。由于制动液吸湿性强，最好避开雨季更换。

（4）加强对制动液的保管。制动液都是由有机溶剂制成的，易挥发，易燃烧，因此要妥善保管，远离火源，防火防潮，防止雨淋日晒及吸水变质。

3. 制动液的识别

（1）看信息。制动液商品标识上应该有生产许可证编号、产品名称、执行标准、规格型号、批号、厂名、厂址、电话、生产日期和有效期等信息。凡是只标明某某汽车专用，而未标明具体型号、级别的产品应谨慎使用。

（2）看沸点。平衡回流沸点是汽车制动液的重要性能指标，国家标准 GB 12981—2012 中规定，制动液外包装上必须标明平衡回流沸点、湿平衡回流沸点，包装桶上没有标明这两项指标或标明平衡回流沸点低于 205℃ 的产品应谨慎使用。

（3）看外观。合格的制动液外观应为清澈透明、无悬浮物、无尘埃和沉淀物质。

（4）闻气味。国家标准对制动液的气味虽无明确规定，但若制动液带有酒精味、甲醇的臭味、人工香精的味道或无任何气味，则一定为不合格产品。达标的合成制动液闻起来是微甜的味道。

（5）看 pH 值。滴一滴制动液在试纸上，合格的制动液应呈碱性，若呈中性或酸性为不合格品。

（6）看着火。醇型制动液沸点低，易燃烧，稍点火即燃。

（7）试黏度。合格的制动液明显比水黏稠，看起来很像稀释后的蜂蜜，倒在玻璃板上扩散速度慢。劣质制动液看起来跟水一样稀，倒少量在玻璃板上其扩散速度较快，用手指蘸取也可以感觉到没有稠度。

（8）看溶胀。将橡胶皮碗浸入制动液中 3～5 天，若皮碗外形变化大，发黏且有炭黑析出，则为不合格品。

4. "气阻"的预防

汽车在行驶过程中，制动时如果制动越来越疲软，而又不缺制动液，这就很有可能是制动液产生气泡形成"气阻"引起的。造成制动液气阻有很多方面的因素，最常见也最直接的原因就是行驶时长时间用脚制动控制车速，使制动液温度升高而引起。避免制动液产生"气阻"应注意以下几点：

(1)尽可能使用优质制动液。因为优质制动液抗气阻性能强,普通制动液沸点低。一般建议使用国产合成型制动液。合成型制动液性能优良,高温使用不易产生气阻,低温不易凝固,油路通畅,保证了制动系统的灵敏性和可靠性。

(2)避免高速行车频繁使用制动。遇有情况提前缓慢制动即点制动减速,不要轻易采取紧急制动。当感觉到制动不太灵敏时,应立即停车检查。

(3)酷热夏季长时间行车时,可在制动主缸上包上湿布冷却,且常向湿布上滴水降温,可达到防气阻的效果。

5.制动液的更换

汽车制动液必须每两年或4万km更换,南方有些雨区和潮湿地区更换的时间间隔可更短一些,北方干燥地区更换的时间间隔可稍长一些。

超期使用的制动液,在一般的驾驶状态下不会感到异常,但当下长坡或激烈驾驶时,制动系统产生的高温就很可能让制动液沸腾,近而在制动管路中产生气泡,导致气阻。由制动液沸腾导致的制动问题基本上都是突然出现的,此前不会有什么征兆,所以及时观察更换制动液是很有必要的。

1)制动液的检查

汽车制动液盛放在制动主缸上方的塑料容器内,检查时与发动机的状况无关。正常情况下,制动液的高度要在最低线和最高线之间。制动液的数量随制动片的磨损程度而相应变化。新制动片较厚,会使加得过满的制动液溢出,滴到车身油漆或底盘上都会产生腐蚀;如果制动液的高度降到最低线以下,而制动液又没有泄漏,说明制动片已磨损到该更换的程度了。一般情况下,即便制动液偏少,并不影响制动的效果,但如制动液干枯,便会导致制动踏板下降,制动失效。若制动液的减少并非由制动片磨损所致,而是由泄漏所致,则必须立即补充制动液,并及时进行修理。

2)制动液的更换

当检查制动液不足时,应及时补充同种制动液。制动液更换方法如下:

(1)先从放油口将旧制动液放掉,将制动系储液壶加足制动液至最高液面指示处。

(2)将一透明软管的一端与放气螺钉连接,另一端置于一透明容器内的制动液面以下。

(3)踩下制动踏板数次,并在踏板处于踩下位置时,将轮缸上的放气螺钉旋松,放出混有气泡的制动液后,立即将放气螺钉旋紧。

(4)反复进行上述操作,直至从轮缸流出的液体不再含有气泡为止。

(5)最后拧紧放气螺钉,装上放气螺钉的防尘帽,加制动液进储液壶至规定位置,盖好储液壶盖。

第二节 动力转向油

动力转向油又称转向助力油,它的作用是在动力转向系统中起到传递力的作用。早期的动力转向系统都使用自动变速器油,而现在的动力转向系统越来越多的使用专用的动力转向油,有实力的汽车生产商都开发有自己的专用动力转向油,如福特使用Mercon,克莱斯勒使用 DEXRON,法国车用 ESSO ATFD,现代用 PS-3 等。

一、动力转向油的组成

动力转向油是以矿物油为基础油,然后添加了多种添加剂组成的一种液力传动油。其添加剂主要有以下几种:

(1)无灰分抗磨添加剂:尽量减少动力转向系统零部件的磨损。
(2)抗氧化添加剂:防止油液氧化,产生油泥和积炭。
(3)分散剂:防止和减少油泥和积炭的产生。
(4)橡胶件溶胀剂:防止橡胶件硬化而影响液压系统的密封性。
(5)黏度指数改进剂:改变动力转向油的黏温性,使其对环境温度有更好的适应性。
(6)倾点抑制剂:降低倾点,保证寒冷地区油液的流动性。倾点抑制剂可以保证在寒冷的冬季仍能保持足够的流动性。

二、动力转向油的使用性能

1.黏温性

动力转向系统属于低速运动,其工作温度受环境温度影响较大,所以动力转向油的黏温性要好。低温下流动性要好,随环境温度的变化,动力转向油应能适应系统工作的需要。

2.润滑性

动力转向油不但要起到传递力的作用,同时还兼顾润滑部件的作用。因此,为了防止磨损,要求动力转向油有良好的润滑性能。

3.橡胶配伍性

动力转向系统内有许多橡胶密封件。液压控制系统的密封性直接关系到动力转向系统能否正常工作。为防止橡胶密封件硬化,在动力转向油中加有一定量的橡胶溶胀剂。

4.抗氧化性

润滑油的寿命,在很大程度上主要取决于油液氧化的速度。而油液氧化的速度和工作温度及与氧气接触的机会有关系。油液氧化的速度越快,油品的寿命就越短。动力转向油工作温度并不高,所以动力转向油除要加抗氧化添加剂外,还要注意密闭保存。

5.抗泡沫性

动力转向油要有良好的抗泡沫性和空气释放性。动力转向系统工作时溶在油中的气泡必须容易释放出来。泡沫会使动力转向系统工作压力明显降低,所以动力转向传动液要加入甲基硅油或聚酯等抗泡沫添加剂,同时还要注意储液罐的液面不要过低,液压系统要保持良好的密封性。

6.抗乳化性

动力转向油中一旦混进水分,工作时在油泵的搅动下,就容易形成乳化液,使动力转向油变质,降低润滑性、抗磨性,且生成的沉淀物还会堵塞油道。因此动力转向油应加抗乳化添加剂,使其有很好的抗乳化性。

第三节 减振器油

1. 减振器油的使用性能要求

1) 良好的黏温性

减振器是通过油液分子之间的摩擦以及油液分子与减振器壳体之间的摩擦把振动能量转化为热量的。汽车在坏路况上长距离行驶时,减振器的工作温度很高,此时黏度会下降,影响减振效果,所以减振器油要有良好的黏温性。

2) 适宜的黏度

黏度过高会影响汽车的缓冲功能,黏度过低减振效果不好。

3) 良好的低温流动性

减振器油的凝点要低,以适应在寒冷地区和山区使用,否则影响减振效果。

4) 良好的抗氧化、抗泡沫性能

减振器油使用中无法更换,一旦油液氧化或产生过多的泡沫就必须更换减振器。所以减振器油抗氧化、抗泡沫性能越好,使用寿命就越长。

5) 一定的抗磨性

减振器工作过程中其油液从小孔来回穿过,要求其具有一定的抗磨性,否则小孔被越磨越大,减振作用将逐渐消失。

2. 减振器油的规格

传统的内外双层的减振器油的基础油都是低凝点的环烷基矿物油,再添加黏度指数改进剂、抗氧化剂、抗泡沫剂、防锈剂和抗磨剂。还有一种较先进的减振器为单桶式的,其减振器油的基础油为黏度很大的硅油,具有非常高的压缩率和良好的阻尼性。以上两种减振器油具有黏温性好的特点。矿物性减振器油的性能见表9-2。

矿物性减振器油的性能　　　　　表9-2

项　　目	质量指标
运动黏度(50℃,mm²/s)	5
运动黏度比(V50℃/V100℃)　不大于	100
闪点(开口,℃)　不低于	125
凝点(℃)　不高于	-55
机械杂质	无
腐蚀(T₃铜,100℃,3h)	合格
水溶性酸碱	无
水分	无

1. 对汽车制动液有何要求?它有哪些使用性能?

2. 制动液有几种类型？合成型制动液有何优点？
3. 制动液的规格标准有哪些？
4. 制动液的关键技术指标有哪些？
5. 如何选择制动液？
6. 使用制动液有哪些注意事项？
7. 如何识别制动液？
8. 如何预防制动系统"气阻"？
9. 如何更换制动液？
10. 动力转向油由哪些部分组成？
11. 减振器油有哪几种规格？

第十章 发动机冷却液

第一节 发动机工作温度的影响

发动机的工作温度是用冷却系统中冷却液的温度来表示的。现代汽车发动机由于转速较高,其正常工作温度范围也较宽,一般为 80～105℃,为了保证发动机能正常工作,就必须用冷却系统将发动机的工作温度调节到正常范围内,否则将出现一系列问题。

一、发动机工作温度过高的危害

发动机正常工作时,燃料燃烧后使汽缸内的最高温度可达 2000～2500℃,产生大量热量。由于热效率问题,这些热量只有约 1/3 能转化为机械功,其余 2/3 则未转化为机械功。未转化为机械功的这部分剩余热量,它的一半将被发动机吸收并通过冷却系统散出,剩下的另一半则被废气带走。如果通过发动机冷却系统散出的热量过少,发动机温度将会过高;反之,则会导致发动机温度过低。

如果发动机在工作温度过高,将会产生下列危害:

(1) 发动机温度过高将导致机油温度过高,润滑油黏度减小,油膜过薄,造成润滑不良,加剧零件的磨损。机油内添加的抗氧化剂的有效工作温度为 150℃ 以下,温度过高会加剧润滑油的氧化速度,使发动机内产生过多的积炭和污垢。

(2) 发动机温度过高会造成发动机充气系数下降,导致发动机功率下降。

(3) 燃烧室温度过高易造成发动机爆震或早燃。爆震发生将使发动机功率下降,其造成的冲击还将严重损伤机件。

(4) 高温使金属机件膨胀变形后,运动件的正常间隙被破坏,造成零件变形或损坏,使磨损加剧,阻力加大。严重时会产生烧毁、卡滞,甚至导致拉缸、抱轴等情况发生。

(5) 发动机燃烧室温度过高,还会造成排放废气中 NO_x 的含量过多。

二、发动机工作温度过低的危害

如果发动机工作温度过低,将会产生下列不良影响:

(1) 导致润滑油黏度增大,机油流动性下降,不能进入摩擦间隙,润滑性能变差,磨损加剧。

(2) 当汽缸壁温度过低时,缸内燃烧产物与水起反应,生成酸性物质,对缸壁产生腐蚀作用,且使机油变质。

(3)温度过低,缸壁上吸收的热量就多,会降低热效率,使燃油消耗量增加。

(4)使燃料雾化困难,燃油燃烧不彻底,使尾气排放中 HC 的含量明显增加。

(5)蒸发雾化不良的燃油冲刷缸壁上的润滑油,加大活塞环和汽缸的磨损。

(6)当发动机曲轴箱内的温度降到70℃以下时,窜入曲轴箱内燃油中的硫和曲轴箱自然通风进来的空气中所含的水分接合也会形成酸性物质,会对曲轴箱内的零件产生腐蚀作用。

三、发动机冷却强度的划分

按发动机的工作温度,冷却强度可分为:

(1)低温。冷却液温度在10℃以下,此时起动为冷起动,电喷发动机自动进入冷起动喷油模式。

(2)暖机温度。冷却液温度在70℃以下,电喷发动机的怠速控制阀开启,发动机在快怠速运转。

(3)高温。最高转速为4000r/min 的发动机正常工作温度为80~90℃。冷却液温度在85℃以上时,冷却液进行大循环。最高转速为6000r/min 或6000r/min 以上的发动机正常工作温度为88~105℃,冷却液温度为88℃以上时开始进行混合循环,冷却液温度为102℃时进行大循环。电控风扇在冷却液温度105℃时开始快速旋转。

(4)过温。冷却液温度为110℃以上,过热报警装置开始报警。冷却液温度为124℃时开始沸腾。冷却液沸腾,散热器盖处翻水花并不一定是冷却液过温。缸垫密封不良、下水室堵塞都会造成翻水花,甚至冷却液从溢流管流出。

第二节 汽车冷却液的作用

1. 冷却作用

发动机工作时,由于燃料的燃烧以及各运动部件之间的摩擦产生大量的热量,使零件受热。现代发动机的热效率只有30%~40%,其余热量通过废气和发动机散热的形式散失掉,而发动机散热有40%左右通过润滑油带走,其余60%的热量要通过冷却系统带走。由此可见,冷却是冷却液最主要的作用。

发动机的温度取决于发动机的结构和发动机的工作条件,水冷发动机的温度可用冷却液的出口温度来表示,一般发动机正常的工作温度范围为80~105℃。前已述及,冷却液过冷和过热的现象都对发动机的正常工作有影响。

冷却液的沸点一般在107~110℃,夏季使用高沸点冷却液(特别是高原山区)可有效地防止发动机的"开锅"现象,保持发动机在正常温度下工作。

2. 防腐作用

发动机冷却系统的散热器、水泵、缸体及缸盖、分水管等部件是由钢、铸铁、铸铝、黄铜或各种合金等制成,如果冷却液对金属有腐蚀,容易使发动机散热器、缸体上下水室、冷却管道、接头及散热器排水管等处出现故障。若腐蚀产物堆积堵塞管道,造成冷却液循环不畅,会引起发动机过热甚至毁坏;若腐蚀穿孔,易使冷却液泄漏渗入燃烧室或曲轴箱而对发动机产生严重的破坏。因此在发动机冷却液中都加入了一定量的防腐蚀添加剂,以防对冷却系统产生腐蚀。

3. 防冻作用

由于水具有良好的导热性能和吸热性能,且来源及为方便,自然而然便成为最理想的发动机冷却液。但是水作为发动机冷却液最致命的缺点是其冰点较高,在0℃以下就开始结冰并且伴随着体积膨胀,当汽车发动机在冬天露天停放或长时间停车时,在0℃以下结冰而胀裂散热器、发动机汽缸体或缸盖,因此要求冷却液必须具有一定的防冻性能。在发动机冷却液中均加有防冻剂,以降低水的冰点,防止冷却系统在低温天气时结冰,这就是有时也将发动机冷却液称做"防冻液"的由来。

4. 防垢作用

发动机冷却液结垢是在散热器表面上附着有不溶性盐类或氧化物晶体所致。冷却液中的水垢来源于冷却水中的钙、镁离子,这些金属阳离子在较高温度条件下,容易与水中的硅酸根离子、碳酸根离子、硫酸根离子、磷酸根离子等阴离子反应生成水垢。冷却液中产生的水垢能磨损水泵密封件并且覆盖在汽缸体水套内壁,使金属的导热性能降低,使冷却系统的散热效果明显下降。在结垢严重时的极端情况下甚至会使缸盖高温区温度剧增而引起缸盖开裂,因此要求冷却液应具有减少水垢生成的作用。一般冷却液在生产和加注过程中均要求使用经过软化处理的去离子水或蒸馏水。为了提高冷却液对不同水质环境的适应性能,方便加注,有的冷却液中还特意加入了对硬水中的无机盐离子具有配合作用的有机聚合物以抑制水垢的生成,也就是加有防垢剂。

汽车发动机冷却液中除加有防冻剂、防垢剂外,还加有缓蚀剂和抗泡沫剂等多种添加剂,因此它具有多项功能。

第三节 汽车冷却液的主要性能与要求

一、冷却液的理化性能

通过测定冷却液的理化性能,可在一定程度上反映冷却液的使用性能,从而帮助用户进行冷却液的选择。冷却液的主要理化性能如下。

1. 冰点

用来评价冷却液的最低使用温度,也可估算其中乙二醇的含量。将 75~100mL 样品置于试管中,以一定速度冷却,测定冷却液的温度,绘制出时间—温度曲线,曲线达到水平时的拐点即为冰点。

2. 沸点

用来评价冷却液的高温使用极限。将 60mL 样品置于带回流冷凝器的 100mL 短颈烧瓶中,加热使其回流,2min 后测定液相温度即为沸点。

3. 相对密度

主要用来估算冷却液中乙二醇和各种盐的含量,可用相对密度大致判断冷却液的冰点、沸点及乙二醇的含量。表 10-1 所示为冷却液相对密度与冷却液的冰点、沸点及乙二醇含量的大致关系。

冷却液相对密度与冷却液的冰点、沸点及乙二醇含量的大致关系　　表 10-1

相对密度(20℃时)	乙二醇质量浓度(%)	冰　点 （℃）	沸点(℃,100kPa)
1.03	28	−10	103
1.04	32	−15	104
1.05	40	−20	105
1.06	46	−30	106
1.07	55	−40	107
1.08	60	−50	110
1.09	75	−40	120
1.10	85	−30	125
1.11	95	−20	160
1.115	100	−12	197

从表 10-1 可看出,当冷却液中乙二醇的含量(质量浓度)达 60% 时,冷却液具有最低冰点 −50℃,乙二醇的含量过高或过低,都将使冷却液的冰点上升。

4. pH 值

目前仅测定稀释液 pH 值。将 pH 计与玻璃—甘汞电极连接进行测定。正常使用的冷却液其 pH 值应大于 7,呈弱碱性,若 pH 值小于 7,说明冷却液已被酸化,对金属有较大的腐蚀性,应该更换掉。

5. 储备碱度

用于测定冷却液在使用中 pH 值的变化程度,或测定冷却液缓冲能力的大小。取 10mL 样品,用蒸馏水稀释到 100mL,用 0.1mol/L 的盐酸电位滴定到 pH = 5.5 时所需的毫克数。随着使用时间的延长,冷却液逐渐被酸化,为使冷却液保持在碱性状态下工作,就要求冷却液有足够的储备碱度,以确保冷却液在尽可能长的时间内维持碱性状态。

6. 泡沫倾向

泡沫会影响热传递,因此合格的冷却液不应产生许多泡沫。将一定速率的空气通入冷却液内,产生的泡沫越多、停止吹气后消泡时间越长,说明泡沫倾向越严重。日本 JIS 标准是采用激烈振动 100 次后测量产生泡沫体积,该方法比较粗略,但简便易行。ASTM 标准用扩散头分散的方法,不但材质难找,而且不易重复。

7. 腐蚀试验

腐蚀试验是最传统的发动机冷却液腐蚀试验方法。将六种冷却系统中常用的金属片(25cm×5cm)铸铁、铸铝、纯铜、黄铜、焊锡和钢片浸泡在冷却液中,在 88℃ 下不断间通空气 336h,试验结束后,测定试片的质量变化,观察试片及冷却液的外观变化,从而判断腐蚀情况。

二、对冷却液的性能要求

为保证汽车发动机正常工作及合理延长发动机使用寿命,要求发动机冷却液应具备以下性能。

1. 冰点要低

冷却液的冰点越高,汽车在低温条件下停放时间稍长冷却液就会结冰,同时体积膨胀变大,冷却系统就会因此而被胀裂。所以要求发动机冷却液的冰点必须低于当地最低气温。

2. 沸点要高

冷却液在较高温度下不沸腾,可保证汽车在满载、高负荷、高速或在山区、热带夏季等情况下正常行车,且沸点高则冷却液蒸发损失也少。因此,要求发动机冷却液应具有较高的沸点。

3. 低温黏度小、流动性好

冷却液的低温黏度越小,冷却液在冷却系统中流动就越顺畅,冷却系统的散热效果就越好。

4. 防腐性要好

为了使冷却液具有良好的防腐性能,必须保持冷却液呈碱性状态。冷却液的pH值在7.5~11.0之间为宜,酸性冷却液将对冷却系统中的金属材料产生腐蚀。

5. 抗泡性好

冷却液在工作时由于是在水泵的高速推动下强制循环,通常会产生泡沫,产生的泡沫如果过多,将会降低散热效果,还会产生"气蚀"现象。因此要求冷却液的抗泡性要好。

6. 不易产生水垢

水垢将降低冷却系统的冷却效果,因此要求冷却液应不产生水垢。

此外,汽车冷却液还应有传热效果好、蒸发损失少、不腐蚀橡胶制品、热化学安定性好、热容量大等性能。

第四节 冷却液的组成

发动机冷却液由水、防冻剂和各种添加剂组成。

1. 水

水是冷却液的基本组成部分,因为水具有良好的流动性能、导热性能和较大的比热容,而且乙二醇防冻剂只有在配成一定浓度的水溶液后才能充分发挥其冷却作用。但水用做汽车发动机冷却液存在以下三大缺点:

(1) 冰点太高。水在0℃就结冰,结冰时体积将增大10%左右,易胀裂缸体、散热器等。

(2) 沸点太低。水在100℃时就会沸腾(高原山区沸点更低),而现代汽车发动机转速较高,发动机正常工作温度最高可达110℃甚至更高,因此非常容易出现"开锅"现象,使发动机不能正常工作。

(3) 易结水垢。水质对冷却液的影响很大,我们经常使用的自来水、河水、湖水、井水、泉水中含有大量的溶解性物质,如钙、镁、钠、铁、钾等金属阳离子,同时还含有很多如硅酸根离子、碳酸根离子、硫酸根离子、磷酸根离子和氯离子等阴离子,水中存在的这些阴、阳离子会影响冷却液的质量,一方面会加剧对冷却系统的腐蚀,另一方面在加热条件下阴、阳离子容易结合形成水垢。因此,在生产冷却液和给冷却系统补加水的过程中,必须使用蒸馏水或去离子水,不能使用普通的水。

为了克服水的以上缺点,必须给其加入防冻剂(乙二醇),用以降低其冰点,同时提高其沸点;还要在其中加入一定量的防垢剂,以阻止形成水垢。

2. 防冻剂

能够作为防冻剂降低水的冰点的物质很多,盐类化合物(如氯化钙、氯化钠、氯化镁等)降低冰点的效果都非常明显,但是由于这些化合物中的氯离子对铸铁、低碳钢和黄铜具有较强的腐蚀性,所以不能在汽车制冷系统使用。目前冷却液中通常使用的防冻剂主要有两种类型:乙二醇和丙二醇。

乙二醇用做防冻剂的优点是:黏度适中,冷却液的流动性和散热性好;降低冰点的效果好;还能提高冷却液的沸点;价格低廉。所以乙二醇一直是冷却液最常用的防冻剂。但乙二醇对人和动物有毒,致死剂量约为 $1.6g/kg$。

近年来随着对环境保护的逐渐重视,丙二醇的价格虽然较贵,但其具有无毒的特性,因此丙二醇在冷却液中的使用逐渐增多。

3. 添加剂

冷却液中所使用的添加剂主要有缓蚀剂、缓冲剂、防垢剂、消泡剂和着色剂等。

1)缓蚀剂

缓蚀剂的主要作用是减缓或防止冷却系统中金属零部件因腐蚀而穿孔,从而造成冷却液渗漏和流失。不同的缓蚀剂对不同的金属有不同的保护效果,因此对于发动机冷却系统应根据其金属种类来选择合适的缓蚀剂。常用的冷却液缓蚀剂主要有磷酸盐型、胺型、硅酸盐和有机酸型等。这些缓蚀剂除了能直接抑制腐蚀外,还能中和冷却液中的酸性物质。所以,为了保证冷却系统中的金属不被腐蚀,必须加有足够的缓蚀剂。

磷酸盐型缓蚀体系以磷酸盐和硼砂为主剂,不含硅酸盐。该体系对冷却系统中钢、铸铁有较好的保护作用,对铝也有一定保护作用,适合以钢、铸铁为主要材质的发动机冷却系统。但研究发现,磷酸盐在高温条件下对铝的保护作用减弱,硼砂还将促进铝合金传热腐蚀。因此,该体系不适合以铸铝合金为主要材质的发动机冷却系统。再者,磷酸盐会与硬水中的钙、镁离子结合形成絮状物沉淀,阻塞散热器盘管,造成冷却液流动不畅,产生过热现象;而且当水中磷酸根浓度超过 $10mg/kg$ 时,即可产生富营养化,加重水质污染,不利于环保。目前,磷酸盐为主剂的缓蚀体系已逐渐被淘汰。

胺型腐蚀抑制体系主要由磷酸、三乙醇胺组成。该体系对铝的保护有利,曾在针对飞机发动机铝合金冷却系统的冷却液中使用。胺型冷却液的不足之处有两点:一是胺与亚硝酸钠同时存在会产生致癌物质——亚硝酸胺,因此,配方中不能含亚硝酸钠;二是当体系中的铜缓蚀剂作用减弱时,胺会与铜反应生成络合物,从而加剧铜的腐蚀。因此,胺型缓蚀剂已不提倡使用。

硅酸盐是铝的特效缓蚀剂,还对冷却系统中的多种金属都具有保护作用。随着汽车工业的发展,发动机广泛使用铸铝合金材料,因此近年来硅酸盐型冷却液获得较快发展。

有机酸型缓蚀剂对冷却系统中的钢、铁及铝等多种金属都有保护作用,而且在使用中消耗缓慢,用于轻负荷发动机冷却液可以显著延长冷却液的使用寿命;用于重负荷发动机冷却液,则可以免除添加延效剂的麻烦,因而同时受到轻负荷和重负荷发动机冷却液的青睐,是近年来应用较多的一类缓蚀剂。

2)缓冲剂

冷却系统中的金属零部件在弱碱条件下容易得到保护,因此为了使冷却液在使用过程中维持一定的 pH 值,防止其酸化,冷却液中通常都加入缓冲剂。缓冲剂的作用是使冷却液有足够的储备碱度,使冷却液在使用期内始终保持适当的碱性。

3)防垢剂

为了防止冷却系统内水垢的产生,冷却液中还加有一定量的防垢剂,以防止冷却液中水垢的沉积。通常使用的防垢剂有配合型和分散型两种。配合型采用金属配合剂与金属离子配合,从而防止金属离子与阴离子结合形成水垢;分散型是利用水溶性有机聚电解质,使水垢分散成细小的颗粒漂浮于冷却液中,防止产生水垢。

4)消泡剂

为了降低冷却液泡沫产生的危害,在冷却液中还加有一定量的消泡剂。消泡剂通常使用二甲基硅油、甲基丙烯酸醋等,消泡剂通过减小冷却液分子的表面张力,可有效抑制泡沫的生成。

5)着色剂

冷却液在使用过程中,一般都要求加入一定的着色剂。着色剂分为染色剂和 pH 值指示剂两种。染色剂是通过染料或颜料的作用使冷却液具有一定的颜色,其作用有以下几点:

(1)使冷却液具有醒目的颜色,以便与其他液体相区别,还可防止误食。

(2)用颜色辨别产地或厂家,防止混用。亚洲的一般为红色或墨绿色,北美的一般为黄色或绿色,当然也不全如此,如现在我国市场上常见的长城多效冷却液为荧光绿色,加德士特级冷却液为橙色,蓝星冷却液为蓝色,喜力冷却液为红色。可见,冷却液的颜色只是一个标志,是由所用染色剂决定的,与性能、质量没有必然的联系。

(3)一旦冷却系统发生泄漏时,从冷却系统外部管路很容易观察到其颜色,从而判断是否泄漏及泄漏的准确部位。

而 pH 值指示剂除了具有显色作用外,同时冷却液的颜色还会随着冷却液 pH 值的变化而变化,这样用户可以根据冷却液的颜色变化来大致判断是否需要更换冷却液。

第五节 冷却液的种类、标准与规格

一、冷却液的种类

冷却液由基础液和添加剂组成,基础液通常由水和乙醇、乙二醇或丙二醇组成,添加剂包括缓蚀剂、缓冲剂、防垢剂、防锈剂、pH 调节剂、抗泡剂及着色剂等。在种类上,冷却液一般分为浓缩型和非浓缩型的两种,非浓缩型的冷却液不能加水稀释。浓缩型冷却液一般为进口或合资生产的产品,通常采用小铁桶式包装,这种冷却液在使用时,应根据使用温度的要求,用软化水稀释到一定浓度才能使用。乙二醇型冷却液母液稀释浓度与冷却液冰点、沸点、相对密度等的关系见表10-1。

按防冻剂成分不同可分为酒精型、甘油型、乙二醇和丙二醇型。

1. 酒精型

酒精型冷却液是用乙醇(俗称酒精)作防冻剂,其优点是价格便宜,流动性好,配制工艺简单,但具有沸点低、易蒸发损失、冰点易升高、易燃等缺点,现已被淘汰。

2. 甘油型

甘油型冷却液沸点高、挥发性小、不易着火、无毒、腐蚀性小,但降低冰点效果不佳、成本高、价格昂贵,用户难以接受,只有少数北欧国家仍在使用。

3. 乙二醇、丙二醇型

乙二醇、丙二醇型冷却液是用乙二醇或丙二醇作防冻剂,并添加少量抗泡剂、防腐剂等综合添加剂配制而成。由于乙二醇和丙二醇易溶于水,可以任意配成各种冰点的冷却液,其最低冰点可达 -50~60℃,这种冷却液具有沸点高、泡沫倾向低、黏温性能好、防腐和防垢等特点,是一种较为理想的冷却液。目前,国内外发动机所使用的和市场上所出售的冷却液绝大多数都是乙二醇型冷却液。

现在有一种长效冷却液,它的基础液也是乙二醇,但它是以有机盐为主要添加剂。有机盐不会对水泵密封件产生腐蚀,也不会形成沉淀物,相反它对水泵密封件还有一定的润滑作用,可以延长水泵的使用寿命,减少水泵漏水的发生。放电反应程度也明显下降,保护系统金属件免受腐蚀。

长效冷却液的使用寿命可达5年之久,是普通冷却液使用寿命的2倍。目前长效冷却液的使用越来越普遍,最常见的长效冷却液是 DEX-COOL 型冷却液,它已成为通用、丰田、本田、克莱斯勒等公司的原装冷却液。这种长效冷却液的颜色为橙色,当其颜色由橙色变为棕褐色时,则应更换冷却液。

二、冷却液的标准与规格

目前国际上冷却液的标准主要有三种:

第一种是美国试验材料协会标准《汽车及轻负荷发动机用二元醇型冷却液规范》(ASTM D3306)和《重负荷发动机用全配方二元醇型冷却液规范》(ASTM D6210)。

第二种是美国汽车工程师协会标准《汽车及轻负荷卡车用二元醇发动机冷却液浓缩液》(SAE J1034)。

第三种是日本标准《发动机防冻冷却液》(JIS K2234)。

我国现行发动机冷却液产品标准《乙二醇型和丙二醇型发动机冷却液》(NB/SH/T 0521—2010),是参照 ASTM D3306 规范制定的,将所属产品分为乙二醇型轻负荷和重负荷、丙二醇型轻负荷和重负荷发动机冷却液四种类型,每种类型又分为浓缩液和 -25号、-30号、-35号、-40号、-45号及 -50号六个不同牌号的冷却液,牌号即为该冷却液的冰点值。在选用时,可根据其冰点值与所在地区最低气温比较选用,选用原则是冷却液的冰点要比当地的最低气温低。

乙二醇和丙二醇是防冻液市场的两大主力基准物料,均能通过与水混合形成溶液,达到降低水溶液冰点的目的,并具有防冻裂能力。

乙二醇型汽车发动机冷却液分为工业型和汽车发动机防冻液型等不同型号。一般工业型仅对碳钢、不锈钢、铜等进行防腐处理。而汽车发动机防冻液型,则还增加对铸铝、焊剂等的防腐。丙二醇型防冻液一般应用于汽车防冻液领域,以及具有特殊要求的食品、饮料等要求低毒性领域。

从冷却能力以及抗冻能力来讲,乙二醇型优于丙二醇型;从毒害性方面来衡量,丙二醇型属于低毒或无毒产品,而乙二醇型具有较高毒害性,对人体有较大危害,一般成年人一次饮用量超过200mL纯乙二醇就有生命危险;从价格方面来考虑,丙二醇型的价格要高一些。表10-2为乙二醇和丙二醇的一般特性比较,表10-3为乙二醇和丙二醇浓度与冷却液冰点之间的关系。

乙二醇和丙二醇的一般特性比较 表10-2

特　性	乙　二　醇	丙　二　醇
相对分子量	62.07	76.1
密度(20℃,kg/m^3)	1113	1036
沸点(101.3kPa,℃)	198	187
蒸发压力(20℃,Pa)	6.7	9.3
冰点(℃)	-12.7	-59
黏度(20℃,mPa·s)	20.9	60.5
折射率nD(20℃)	1.4319	1.4329
比热容[20℃,kJ/(kg·K)]	2.347	2.481
闪点(开口,℃)	115.6	107
自燃温度(℃)	412.8	415.5

为乙二醇和丙二醇浓度与冷却液冰点之间的关系 表10-3

体积浓度(%)	冰　点　(℃)	
	乙　二　醇	丙　二　醇
41	-25	-20
42	-26	-22
44	-29	-25
45	-30	-26
46	-32	-27
48	-35	-29
50	-37	-31
52	-39	-33
54	-42	-36
55	-44	-39
56	-45	-41
58	-48	-44
59	-50	-45
61	-49	-48
100	-13	-68

第六节　冷却液的选择、使用与更换

一、冷却液的选择

1. 按车型选择冷却液

每款车型都有专用的冷却液,最好使用厂家规定或推荐的品牌及型号。也可选择通用型冷却液,选择时注意尽量选择知名品牌或熟悉的品牌。

2. 根据车辆不同要求选择冷却液

一般情况下,进口车辆、国内引进生产车辆及高中档车辆应选用长效冷却液(使用期限为3~5年),普通车辆则可选用一般冷却液。车辆负荷不同,冷却液与之对应也有轻、重负荷之分。

3. 根据环境温度条件选择冷却液的冰点

冷却液的冰点是冷却液能不能防冻的重要条件。在选择时,注意把握冷却液的冰点应比当地环境条件冬季最低气温低10~15℃,如当地最低气温为-30℃,则冷却液的冰点应选择在-45℃以下。极端寒冷地区宜选用丙二醇型冷却液,因其最低冰点更低一些。

4. 注意观察冷却液包装信息

一般冷却液的有效期是三年,购买时要看好生产日期,不要购买放置时间较长的冷却液。因为放置时间越久,产生水垢或杂质也就越多,添加这样的冷却液将会对发动机寿命产生一定影响。

选择冷却液时,除了要看冰点以外,还要选择沸点。不要以为在北方地区就对沸点不用关心了,这是很不正确的想法。因为夏天北方的最高气温比南方低不了多少,汽车运行起来后冷却系统的最高温度与南方基本相同。北方应选择沸点在110℃以上的冷却液,南方应选沸点在115℃以上的冷却液。

5. 尽量选择四季通用的冷却液

现在大多数冷却液都是四季通用的,价格也不太贵,如果不是极寒的地区,最好选择四季通用型的冷却液,这样也省去了因季节的变化还要更换冷却液的麻烦。

6. 一年四季均应使用加防冻剂的冷却液

有人认为夏季不存在结冰问题,若用纯自来水作冷却液,既经济又实惠。其实不然,这样做有很多缺点:

(1)自来水会大量产生水垢,影响散热且易使温控开关失效,造成温度失控。

(2)水的沸点为100℃,不能满足现代汽车发动机正常冷却液温度高在95~105℃的要求,夏季会经常出现发动机"开锅"现象,大量水蒸气冲出散热器盖,进入膨胀水箱。因膨胀水箱容积有限,水蒸气大量喷出使其无法容纳,结果在其他地方进一步冲击,导致冲坏汽缸垫、汽缸盖翘曲变形、拉缸及烧瓦等恶性故障的发生。

(3)加有防冻剂的冷却液除有防冻、阻垢、防沸功能外,还有缓蚀、防腐、抗泡等多种功能,而自来水是不可能具备这些功能的。

因此,一年四季均应使用加有防冻剂的冷却液。当然,在紧急情况下,也可临时将水作为冷却液使用,但过后应立即换为正常冷却液。

7. 按照车辆多少和集中程度选择冷却液

车辆较多又相对集中的单位和部门,可以选用浓缩型冷却液。这种冷却液母液性能稳定,便于运输和储存,同时又可按照不同环境使用条件和不同的工作要求进行灵活的配制,达到节约和实用双重目的。车辆少或分散的情况下,一般选用非浓缩型冷却液,这种冷却液可以直接加注,方便灵活。

二、冷却液的使用

正确使用冷却液,可起到防腐蚀、防沸腾、防结垢、防冻结和润滑等作用,能够保持发动机的正常工作温度,使发动机冷却系统始终处于最佳的工作状态。如果不能正确使用冷却液,将会给冷却系统造成一系列伤害,严重影响发动机的工作性能和使用寿命,因此在使用中应特别加以注意。

(1) 如果是浓缩液,应按产品说明书规定的比例加软水稀释。

(2) 当冷却液存放时间过长,或发现其有异常(锈渣等沉淀物),应经过质量检验后,再确定能否使用。

(3) 若确定冷却系统渗漏引起散热器液面降低时,应及时补充同一品牌的冷却液。

(4) 若确定液面降低是由水的蒸发所致,则应向冷却系统添加蒸馏水或去离子水,切勿加入井水、自来水等硬水。

(5) 当发现冷却液中有悬浮物、沉淀物或发臭时,证明冷却液已发生化学反应而变质,应及时清洗冷却系统,并全部更换其冷却液。

(6) 不同牌号的冷却液不能混装混用,以免起化学反应,破坏各自的综合防腐能力。

(7) 乙二醇型冷却液有一定毒性,对人的皮肤和内脏有刺激作用,使用中严禁用嘴吮吸,手接触后要及时清洗,溅入眼内更应及时用清水冲洗处理。

(8) 每隔2~3个月,应打开散热器盖(或储液罐盖,下同)进行检查(注意刚停车时不能打开,待冷却液温度降下来后再打开),当散热器出现水污、水锈和沉淀物时,应及时更换冷却液。

(9) 冷却液加注量应适当,冷却液液面应位于补偿水桶外表面"高"线和"低"线之间,加注过少易造成"开锅";加注过多易升温后外溢或冲坏冷却系统的密封。

(10) 出现"开锅"时,不要贸然打开散热器盖,以免滚开的水及水蒸气向外喷出烫伤人员。应等发动机温度降下来后再开散热器盖加注冷却液。开散热器盖时最好用湿布盖住散热器盖,或用湿毛巾包住手,然后慢慢将散热器盖打开。另外,加冷却液速度不宜过快,应缓慢加入。

三、冷却液的更换

1. 冷却液的检查

检查冷却液时,需等发动机停止运行,且完全冷却下来之后再进行。其原因是发动机运转时冷却液的液面会多少有些变化,不容易看准。正常情况下,冷却液的高度应在标尺的最高点和最低点之间。如果冷却液的液面降到了最低点以下,说明发动机缺水,应及时补充。如果冷却液的颜色变暗或浑浊,说明冷却液已变质,应立即更换。

2. 冷却液的更换

1)更换方法

在加注新的冷却液前,应将原冷却液完全排净,再用清水将冷却系统清洗干净。按以下步骤加注冷却液:

(1)关闭发动机并让其冷却。

(2)检查车下有无水迹,发动机舱内有无水痕,发现冷却液有泄漏时,应查明原因并修理,确保换用新冷却液后不再有类似的故障。

(3)待发动机冷却后,将仪表板的暖风开关拨至一端,使暖风控制阀完全开启。

(4)拧开散热器盖,注意先稍微拧松使高压气流排出,待压力减小后,再完全拧开。

(5)松开水泵口软管夹箍,拉出冷却液软管,放出冷却液。失效的冷却液可回收处理后再利用,不要随意抛洒,防止污染水源和造成浪费。

(6)检查冷却液状态,认为冷却系统需要清洗的,加入足量清水与清洗液在怠速下清洗10~30min(时间长短视情况而定),然后将清洗液放出,用清水再冲洗1~2次,直至放出来的清水完全干净为止,然后装回软管并用夹箍夹紧。

(7)将冷却液缓慢从拧开的散热器盖处加入,直至液面高度与最高标志齐平为止。

(8)拧紧散热器盖,起动发动机直至风扇运转2~3min。

(9)将发动机熄火,检查冷却液液面高度,必要时补充至足量。

(10)行车过程中要常检查冷却液液量,不足时要补充,用剩的冷却液要密封保管。

2)注意事项

(1)不同型号的防冻液不要混合使用,否则将会产生白色结晶体,生成沉淀或气泡,堵塞散热器管路,降低使用效果。

(2)加注冷却液时若无意中洒到发动机的火花塞孔座、高压线插孔、分电器等处时,应立即擦拭干净,否则会影响火花塞跳火;洒到传动带上有可能导致其打滑。

(3)防冻液及其添加剂均为有毒物质,人体不要接触防冻液,万一洒到身上,应立即用水冲洗掉。

(4)放出的冷却液不能再使用,应严格按有关法规处理废弃的冷却液,否则易引起环境问题,追究相关责任人。

1. 发动机温度不正常对工作有何影响?
2. 发动机冷却强度是如何划分的?
3. 汽车发动机冷却液的作用有哪些?
4. 对冷却液的性能要求有哪些?
5. 冷却液的组成有哪些?
6. 冷却液添加剂有哪些?各有何作用?

7. 冷却液的种类有哪些？
8. 我国现行发动机冷却液标准是什么？
9. 如何选择发动机冷却液？
10. 如何正确使用冷却液？
11. 如何更换冷却液？

第十一章 汽车空调制冷剂

制冷剂俗称冷媒,是在制冷装置中循环流动,在制冷过程中起传递热量作用的媒介物质。从广义上来讲,任何一种流体,只要在一定的条件下能实现液态与气态间的相互转换,就可用作制冷剂,但由于各种各样的原因,适合作制冷剂的工质种类极其有限。

第一节 对制冷剂的要求及制冷剂的分类

一、对制冷剂的要求

在物理性质方面:要求制冷剂有较低的凝固点和较高的临界温度,较小的密度和黏度,较大的导热系数,且应具有一定的吸水性。

在化学性质方面:要求制冷剂无毒、无害、无刺激性,化学性质稳定,高温下不易分解,不易燃烧及爆炸,对金属及橡胶的腐蚀作用要小,与润滑油无亲和作用且互溶。

在热力性质方面:首先,要求制冷剂的蒸发压力稍高于大气压力即可,这样既可以使蒸发压力较低,还不致因制冷系统产生负压而吸进空气;其次,制冷剂的冷凝压力也不应太高,以降低对制冷系统强度的要求,同时减小压缩机功耗;最后,要求制冷剂换热性能高,有较小的绝热指数和较大的汽化潜热,以减小制冷剂的用量,提高其制冷能力。

二、制冷剂的分类

目前所用的制冷剂,按照化学成分可分为五类:无机化合物制冷剂、氟利昂类制冷剂、饱和碳氢化合物制冷剂、不饱和碳氢化合物制冷剂和共沸混合物制冷剂。

无机化合物制冷剂使用得比较早,如氨(NH_3)、水(H_2O)、空气、二氧化碳(CO_2)和二氧化硫(SO_2)等。无机化合物制冷剂代号为"R×××",其中第一位为"7",后两位数字为分子量。如水的代号为"R718"。

氟利昂类制冷剂是饱和碳氢化合物中全部或部分氯元素(Cl)被氟(F)和溴(Br)代替后衍生物的总称。国际规定用"R"作为这类制冷剂的代号,如R22。

饱和碳氢化合物制冷剂又称碳氢制冷剂,属于烷烃类,主要有甲烷制冷剂、乙烷制冷剂、丙烷制冷剂、丁烷制冷剂等。

不饱和碳氢化合物制冷剂是指乙烯(C_2H_4)、丙烯(C_3H_6)和它们的卤族元素衍生物,它们的R后的数字多为"1",如R12、R115等。

共沸混合物制冷剂是由两种以上不同制冷剂(如四氟乙烷与丁烷)以一定比例混合而成的,这类制冷剂在固定压力下只具有一个沸点,且比原来的沸点都要低一些,因此汽化更容易。

第二节 制冷剂 R134a

R134a 即 HFC-134a,是我国目前使用最广泛的制冷剂。

R11、R12、R22 等氟利昂类制冷剂在使用和维修过程中,泄漏出去的氟利昂会长期停留在大气层中,其中的 Cl(氯)会与大气中的 O_3 结合,加速臭氧的分解,导致臭氧层出现空洞,使太阳的紫外线不经遮挡直接照射到地球上,从而导致人类及生物的免疫能力下降,增加人类皮肤癌的发病率,使地球产生温室效应,最终给人类的生存带来极大的危害。因此,国际环保组织已在全球禁止使用 R11、R12 制冷剂,R22 到 2030 年前也将禁止使用。

CFC(Chloro Fluoro Carbon)是完全卤素化的氟利昂,它含有破坏臭氧层的氯,如 CFC-11(即 R11 或 F-11)、CFC-12、CFC-22、CFC-114、CFC-115 等。

HCFC(Hydro Chloro Fluoro Carbon)是部分卤素化而含有氢、氯的氟利昂,由于有部分氯被氢所取代,故对臭氧层的破坏作用有所降低,如 HCFC-123、HCFC-142b 等。

HFC(Hydro Fluoro Carbon)是含有氢而没有氯的氟利昂(即全部的氯都被氢所取代),因此,它不会对臭氧层构成破坏作用,如 HFC-134a 和 HFC-134,通常写为 R134a 和 R134,汽车空调实际应用中两者不分,均写为 R134a,即四氟乙烷,是由乙烷衍生而成,分子式为 $C_2H_2F_4$,两者只是分子排列不同,如图 11-1 所示。

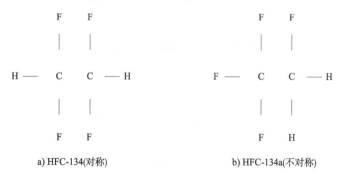

图 11-1 四氟乙烷的不同结构

臭氧破坏系数(Ozone Depletion Potential,ODP)(或称消耗臭氧潜能值),是以 CFC-11 作为基准而换算出对臭氧的破坏力,该系数越大,说明对臭氧层的破坏能力越强。CFC-11 和 CFC-12 的臭氧破坏系数都为 1,而 HFC-134 和 HFC-134a 的臭氧破坏系数都为零。

温室效应系数(GWP)(或称全球变暖潜能值),是以 CFC-12 为基准而换算出的造成地球温室效应的能力大小。该系数越大,说明造成温室效应的能力就越强。CFC-12 的温室效应系数为 1,CFC-11 的为 0.4,HFC134a 的则为 0.11(表 11-1)。

采用新型制冷剂后,冷冻油也要从原来的矿物型油更换为合成型油(因为矿物型冷冻油与 HFC-134a 不互溶);新旧两种制冷剂所用的连接软管及密封橡胶材料不同,不可混用,新型管的表面一般都印有 HFC-134a 专用的标记,这种管其内部增补了尼龙树脂层,外层为氢化腈聚丁橡胶。

R134a 与 R12 的特性比较　　　　　　　　表 11-1

项　目	R12(CF_2Cl_2)	R134a($C_2H_2F_4$)
沸点(标准大气,℃)	-29.80	-26.20
汽化潜热(kJ/kg,℃)	152	198
临界温度(℃)	111.80	101.14
临界压力(MPa)	4.125	4.065
临界密度(kg/m³)	558	511
大气中最长存留寿命(年)	95~150	8~11
ODP值(臭氧破坏系数)	1.0	0
GWP值(温室效应系数)	1.0	0.11

R134a(即 HFC-134a)的基本性能如下:

(1)汽化潜热比 R12 大,但质量较小,导致制冷能力比 R12 略小或与之相当。

(2)饱和蒸汽压总的来讲与 R12 相近。以 18℃为界,低于 18℃时 R134a 的饱和蒸汽压略低于 R12,高于 18℃时又刚好相反。

(3)化学性质稳定,无色、无臭、不燃烧、不爆炸。

(4)对人体无毒性,不破坏大气臭氧层,在大气层停留寿命短,温室效应影响小。

(5)吸水性和水溶解性比 R12 高。

第三节　碳氢制冷剂

碳氢制冷剂隶属于烷烃类,主要成分是丙烷和丁烷,均为石油化工中通过催化裂解制得的产品,其主要优点是节能和环保,是 CFC、HCFC、HFC 类制冷剂的终极替代品。用碳氢制冷剂的空调比用 R134 和 R22 的空调节省能耗 15%~35%;碳氢制冷剂对大气无污染,对臭氧层无破坏,温室效应几乎为零。因此,碳氢制冷剂在欧美和亚洲的许多国家早已被广泛使用。

市面上有很多种碳氢制冷剂,其中最具代表性的当属 R433b 和 R422 碳氢制冷剂。R433b 的分子量为 44.04,沸点为 -42.3℃,汽化潜热(0℃)为 305.4(kJ/kg),无腐蚀性,稳定性好,自燃点为 490℃,对人体无毒,臭氧层破坏潜能值为零(ODP),制造成本比 R134 和 R22 低。

碳氢制冷剂单位容积、单位质量的制冷量大,冷凝器和蒸发器的换热性能高,在制冷效果相同的情况下可缩短空调压缩机的制冷时间,大量节省能耗,且其用量只有氟利昂类制冷剂的 1/3。

碳氢制冷剂的油混率极高,与所有常用冷冻润滑油(矿物润滑油,合成润滑油)都能兼容,不会出现制冷剂和冷冻剂润滑油不兼容造成的问题,且对金属和耐油橡胶均无腐蚀性,而许多其他制冷剂需要使用专门配套的制冷剂润滑油。

碳氢制冷剂已成为在世界占主导地位的制冷剂技术,已被欧洲所有汽车生产厂商和冰箱制造商广泛采用,德国的冰箱、冷藏、冷冻库有95%的制冷设备都已采用碳氢制冷剂;英国一些大的连锁超市中,80%的冰柜都已采用碳氢剂制冷;欧洲及亚洲的泰国、新加坡、印度、马来西亚等国家,碳氢制冷剂已在汽车、中央空调和大型制冷设备中广泛使用;国内的海尔、科龙两大龙头企业,出口欧洲的空调大都是采用碳氢制冷剂;其他国家和地区,将碳氢制冷剂用于冰箱、家用空调和中央空调等制冷系统中的使用比率也在逐渐提高。

第四节 汽车空调系统维护作业

在进行空调系统的安装、检查、维修时,都必须进行一些基本的空调系统维修作业,这些作业项目主要包括:制冷剂的排放、制冷剂的加注或补充、冷冻润滑油的加注或补充、系统抽真空、系统检漏等。这些维修作业项目完成的好坏,将直接影响汽车空调系统的运行性能。

一、制冷系统检漏

在拆装或检修完空调制冷系统管道、更换零部件之后,都需在检修拆装部位进行制冷剂的泄漏检查。对制冷循环系统进行检漏时,可以采用以下方法。

1. 卤素检漏灯

卤素检漏灯实际上是一种丙烷(或酒精)燃烧喷灯,当制冷剂气体被吸入喷灯的吸管内时,遇到高温火焰便会分解出氟、氯等卤素元素,与铜化合(反应板为铜质)生成卤素铜化合物,使火焰颜色发生改变,利用这种特性可以判断系统的泄漏部位和泄漏程度,其结构如图11-2所示。当泄漏量较少时,火焰呈浅绿色;当泄漏量较多时,火焰呈浅蓝色;当大量泄漏时,火焰呈紫色。

卤素检漏灯的使用方法如下:

(1) 先检查储气瓶内是否装有液态丙烷,然后卤素检漏灯安装好。

(2) 逆时针方向缓慢旋转调节把手,让丙烷气体溢出,并用明火将其点燃。

(3) 待铜反应板加热至红热状态后,将火焰尽量调小(火焰越小,对制冷剂泄漏反应越敏感)。

(4) 把吸入管末端靠近各待测部位,并细心观察火焰颜色及泄漏部位,根据以上情况判断出泄漏部位和泄漏程度。

2. 电子检漏仪

电子检漏仪的工作原理如图11-3所示,其核心部分是一对电极,阳极由铂做成,铂被加热器加热而带正电,其阳离子就会从阳极射到阴极并产生电流。若有制冷剂气体从两电极间流过,回路中的电流就明显增大,据此可以检测出制冷系统是否泄漏。

图11-4所示为电子检漏仪结构,加热器装在圆筒状铂阳极里,在阳极外侧装有阴极,阴、阳极之间加有12V直流电压。为使气体在电极间流动,设有吸气孔和小风扇,当有卤素

元素的阳离子出现时,就会产生几个微安的电流,再由直流放大器放大使电流计指针摆动或使音程振荡器发出不同的声响,从而判断制冷剂是否泄漏。

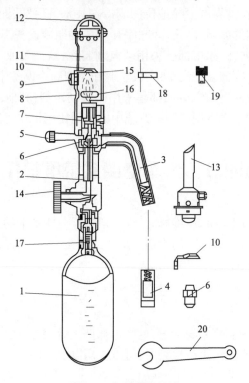

图 11-2　卤素检漏灯结构

1-检漏灯储气瓶;2-检漏灯主体;3-吸入管;4-滤清器;5-燃烧筒支架;6-喷嘴;7-火焰分隔器;8-点火孔;9-反应板螺钉;10-反应板;11-燃烧筒;12-燃烧筒盖;13-栓盖;14-调节把手;15-火焰长度(上限);16-火焰长度(下限);17-喷嘴;18-喷嘴清洁器;19-螺钉;20-扳手

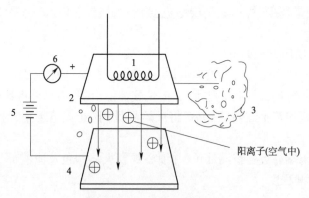

图 11-3　电子检漏仪工作原理

1-加热器;2-铂;3-卤素气体;4-阴极;5-直流电源;6-电流计(阳极)

电子检漏仪使用方法如下:

(1)接上检漏仪电源并预热 10min 左右。

(2)将开关拨至校核挡,确认指示灯和警铃工作正常。

(3)将仪器调至所要求的灵敏度。

(4)然后将开关拨至检测挡,将探头放到被检测部位7s以上,若有超过灵敏度范围的泄漏量,则电流计指针将摆动或警铃会发出声响。

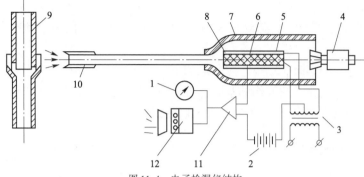

图 11-4 电子检漏仪结构

1-电流计;2-阳极电源;3-变压器;4-风扇;5-阳极;6-阴极;7-外壳 8-电热器;9-管道;10-吸嘴;11-放大器;12-音程振荡器

(5)确定出泄漏部位后,探头应立即离开此部位,以免影响仪器灵敏度。

3.肥皂泡沫法试漏

当没有检漏设备时,可利用肥皂水对可能产生泄漏的部位进行直接检查,方法是通过歧管压力计给制冷系统内充入 8～12kg 的干燥氮气,然后把肥皂水或其他起泡剂涂在需要检查的部位,如各连接头、焊缝等,如发现有排气声或吹出肥皂泡,则说明该处有泄漏。如没有氮气瓶,也可充入一定压力的制冷剂进行检漏,但这将造成制冷剂的浪费。这种方法简单、实用、安全,尤其适用于检漏灯不易接近的部位,但灵敏度较差,操作完毕后应清除干净。

4.油迹法

制冷剂与冷冻油能互溶,并随着制冷剂在系统内循环,如因密封不良而使制冷剂泄漏时,也会带出少量的冷冻油,泄漏处便会形成油斑,时间一长又粘上尘土便形成明显的油渍。根据这种现象就能找到泄漏部位,不过只有在泄漏量较大时,这种现象才明显。

5.着色法

将某种颜色的染料加入制冷系统中并随制冷剂一起在管路中循环流动,当系统管路或部件发生泄漏时,加入的染料也随之渗漏出来并粘在泄漏部位使之变色,通过观察制冷系统管路和部件的颜色,就能很容易地发现泄漏部位。

6.真空保压法

在抽真空作业完成之后,不要急于加注制冷剂,而是保持系统真空状态一定的时间(一般数十分钟至数小时)后,观察歧管压力计上的低压表真空度是否发生变化。如真空指示没有变化,则说明系统无泄漏;如真空指示回升,则说明系统有泄漏。这种方法只能判断系统有无泄漏,而无法具体指示泄漏部位,因此,只用于加注制冷剂前的初步检漏。

二、制冷剂的排放

汽车空调系统在进行拆卸部件、系统检修等许多维修项目之前,都必须首先放出系统中的制冷剂。排放制冷剂时,须注意环境通风,并不能有明火,否则将产生有毒气体。排放制冷剂的操作方法如下:

(1)关闭压力表组上的高、低压手动阀,将压力表组的高、低压软管分别连接到空调系统的高、低压检修阀上,将中间软管端头用干净擦布包上。

(2)缓慢打开高压手动阀,让制冷剂从中间软管排出,注意阀门开度要小,否则冷冻油将随制冷剂一同排出。

(3)观察高压表,当其压力降到0.35MPa以下时,逐渐打开低压手动阀,使制冷剂从两侧同时排出。

(4)随压力下降,逐渐开大两个手动阀,直到制冷剂完全放出为止。

若想回收制冷剂,在上述操作的基础上可将中间软管接到真空泵入口,真空泵出口接到回收罐上,然后开启真空泵,便可将制冷剂回收到罐中。

三、制冷系统抽真空

检修完空调系统后,系统内难免要进入空气,空气中含有大量的水蒸气,它对空调系统有很大的破坏作用,因此必须将空气彻底抽出。抽真空时,由于压力越来越低,水逐渐汽化成蒸汽而被抽出,这个过程比较慢,因而抽真空最少需30min以上,若真空泵的容量小,还需更长时间。为使空气尽可能被彻底抽出,还可采用重复抽真空法,即在第一次抽完后,再重复抽1~2次。抽真空的具体操作方法如下:

(1)将压力表组的高、低压软管分别与空调系统的高、低压检修阀相连,中间软管与真空泵相连。

(2)打开高、低压手动阀,并起动真空泵,注意观察两个压力表,经30min以上的时间后,抽真空至负压为0.1MPa(低压表上的绿色刻度段)。

(3)关闭高、低压手动阀,观察压力表5min,若压力不回升,便可结束抽真空(也可再重复抽1~2次)。

(4)先关闭高、低压手动阀,然后关掉真空泵。

四、加注冷冻润滑油

汽车空调系统正常运行时,冷冻油的消耗非常少,不需要进行补充,只要按规定每两年更换一次即可。制冷系统小的泄漏也无须补充冷冻油,但较多泄漏(15mL以上)时则需补充冷冻油,其补充量如下:

若更换冷凝器,则补充30~50mL冷冻油。

若更换蒸发器,则补充30~50mL冷冻油。

若更换储液器,则补充10~30mL冷冻油。

若更换压缩机,则补充40~60mL冷冻油。

若更换管道,则补充10~20mL冷冻油。

若全部更换或是新装空调,则按压缩机说明书上的规定量加注,一般压缩机在120~170mL之间。

冷冻润滑油的加注在系统抽真空前、后均可进行,具体方法有以下几种。

1. 直接加注

若在抽真空前加注冷冻油,就可采用直接加注法,其方法很简单。先用量杯量取所需要的冷冻油量,然后从压缩机的旋塞口将所量取的冷冻油倒入即可。

2. 抽真空加注

利用抽真空法加注冷冻油,也是在抽真空之前进行,加注完后还须对系统进行抽真空。其方法如下:

(1)先按抽真空法对系统抽真空,抽完后关闭真空泵和高低压手动阀。

(2)将所要加注的冷冻油放入量杯中,计算冷冻油量时要将加注管中的残余油量考虑进去。

(3)按图11-5所示连接整个系统,即将低压软管从表组一端卸下并伸进冷冻油中,高压软管仍接高压检修阀,中间软管仍接真空泵。

(4)开启真空泵,打开高压手动阀,冷冻油便被徐徐吸入压缩机中。加注完毕后,关闭真空泵及高压手动阀。

3. 压缩机吸入加注

起动发动机,开启空调,使压缩机运转,利用压缩机本身的抽吸作用,可从低压阀处将冷冻油吸入。

五、加注制冷剂

当对空调系统进行抽真空并经检查确实不存在泄漏部位后,便可进行制冷剂的加注作业。每种压缩机加注制冷剂的量都有严格规定,加注量过多或过少都将影响压缩机的寿命和空调系统的制冷效果。

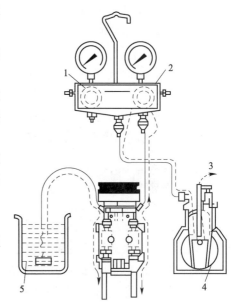

图11-5 抽真空法加注冷冻润滑油
1-手动低压阀关闭;2-手动高压阀开启;3-排出空气;4-真空泵;5-冷冻润滑油

加注制冷剂的方法有两种:一种是从低压侧加注,这种加注方法最适于补充制冷剂,其优点是安全性好,但速度较慢;另一种是从高压侧加注,这种加注方法不适合用于补充制冷剂,其优点是速度快,但不安全。

1. 从低压侧加注制冷剂

(1)抽完真空后,关闭高低压手动阀,将中间软管从真空泵改接到制冷剂罐,用手拧紧接头。制冷剂罐必须保持正立。

(2)先顺时针方向转动注入阀旋转手柄,使阀针扎破罐口,然后逆时针转动旋转手柄使阀针抬起。

(3)拧松歧管压力计中间接头,待听到有气体流出声最好是有白气冒出时,立即将其拧紧(目的是排出中间软管内的空气)。

(4)起动发动机,开启空调系统,打开低压手动阀,即开始加注。

(5)加注过程中制冷剂罐外表应很凉且结霜,霜化则说明罐内制冷剂已加完。若一罐不够,可换罐再加,直到注入规定量为止。

(6)加注完毕后,先关闭低压手动阀,再关闭空调系统及发动机,最后迅速卸下软管。

从低压端加注的是气态制冷剂,在加注过程中制冷剂罐必须保持正立,不能倒置,否则液态制冷剂进入压缩机,将造成压缩机的"液击"损坏。在从低压侧加注的过程中,罐中的制冷剂不断吸热汽化,因此制冷剂罐的外表很凉且结霜,手拿制冷剂罐时最好戴上手套。拧松表组中间接头是为了驱赶中间软管内的空气。

2. 从高压侧加注制冷剂

(1)~(3)步与从低压侧加注时相同。

(4)将制冷剂罐倒立,打开高压手动阀,当从表组观察孔观察到一股液态制冷剂(淡黄色)流入空调高压管内时,立即关闭高压手动阀。

(5)启动空调,使压缩机低速运转几分钟,然后停机。

(6)重复(4)、(5)两步,直到加注足量为止。

从高压侧加注的是液态制冷剂,在加注时制冷剂罐应倒立。加注时,空调系统必须停机,否则高压倒冲制冷剂罐,易造成爆炸伤人。

1. 对汽车空调制冷剂有何要求?
2. 汽车空调制冷剂有哪些类型?
3. 什么是臭氧破坏系数和温室效应系数?
4. 碳氢制冷剂有何优点,其应用情况如何?
5. 汽车空调系统的检漏方法有哪些?
6. 如何排放制冷剂?
7. 制冷系统如何抽真空?
8. 如何加注制冷剂?

第十二章　汽车风窗玻璃洗涤液

汽车在行驶过程中,自身或其他车辆溅起的泥水、废气中含有的未完全燃烧的油气和道路沥青与雨水的混合物、抛光剂的蜡与雨水的混合物等会附着在汽车的风窗玻璃上,这些物质的存在严重影响了驾驶人的视野,对行车安全造成很大的危害。因此,汽车上必须设置能对风窗玻璃进行清洗的装置,这就是汽车风窗玻璃清洗系统,这套系统由储液罐、刮水器、喷嘴、电动机等组成,其中的储液罐就是用来盛放汽车风窗玻璃洗涤液的。

第一节　汽车风窗玻璃洗涤液的作用与性能要求

一、汽车风窗玻璃洗涤液的作用

汽车风窗玻璃洗涤液俗称"玻璃水",属于汽车使用中的易耗品,主要由水、酒精、乙二醇、缓蚀剂及多种表面活性剂组成。对风窗玻璃洗涤液的要求是对附着在风窗玻璃上的各种物质具有浸透、乳化分散、可溶解的作用,以便将其清洗干净,保证行车安全。风窗玻璃洗涤液的主要作用如下。

1. 清洗作用

风窗玻璃洗涤液是由多种表面活性剂和添加剂配制而成,表面活性剂通常具有润湿、渗透、增溶等功能,从而起到清洗去污的作用。

2. 防冻作用

风窗玻璃洗涤液有酒精、乙二醇的存在,能显著降低玻璃水的冰点,从而起到防冻的作用;风窗玻璃洗涤液还具有快速溶解冰霜的作用。

3. 防雾作用

风窗玻璃洗涤液在玻璃表面会形成一层单分子保护层,这层保护膜能防止形成雾滴,保证风窗玻璃清澈透明,视野清晰。

4. 抗静电作用

风窗玻璃洗涤液应能消除风窗玻璃与刮水片及空气中物质摩擦而产生的电荷,增强玻璃表面的导电作用,具有抵抗静电功能,防止电荷吸附污物而影响驾驶人视线。

5. 润滑作用

风窗玻璃洗涤液中含有乙二醇,其黏度较大,可以起润滑作用,减少刮水器与玻璃之间的摩擦,防止产生划痕。

6. 防腐作用

风窗玻璃洗涤液中含有多种缓蚀剂,使得风窗玻璃洗涤液对各种金属、橡胶几乎没有任何腐蚀作用,汽车面漆、金属件、橡胶等绝对安全。

二、对风窗玻璃洗涤液的性能要求

1. 冬季不结冰

秋冬季节风窗玻璃洗涤液应该具备优秀的清洗和防冻性能。冬季风窗玻璃洗涤液是以防冻性能作为选择的基准,应该选择冰点低于当地最低温度10℃以上的风窗玻璃洗涤液。一般要求风窗玻璃洗涤液的凝点为-20℃,对于特别严寒地区可特殊配制。不然有可能会造成玻璃水冻住、刮水器电动机损坏等问题。可根据当地的温度进行选择,正规品牌的产品会以温度划分几个不同的级别,根据季节变化进行选择。

2. 防腐蚀性能好

汽车风窗玻璃洗涤液对车辆刮水机构的材料如铝、锌、橡胶、塑料和油漆等不应产生腐蚀或其他影响,这种作用主要是通过添加缓蚀剂来实现的,使风窗玻璃洗涤液对各种金属都没有腐蚀作用。还有一种风窗玻璃洗涤液,通过调配多种表面活性剂及添加剂,独具修复风窗玻璃表面细微划痕的作用,通过形成独特的保护膜,达到保护风窗玻璃不被划伤的目的。

3. 融冰雪及防静电性能好

由于北方气候的独特性,驾驶人的视线很容易受到光的折射和雾气、静电的影响,出现安全隐患。所以,风窗玻璃洗涤液应该具备快速融雪融冰和防眩光、防雾气、防静电等功效。

4. 不易变质

要求风窗玻璃洗涤液在低温和高温交变时应没有分离和沉淀。汽车风窗玻璃洗涤液多用于雨天,平时存放于发动机舱内,时而加热,时而冷却,如果易发生分离、沉淀,则容易造成机构内部堵塞,影响其正常喷射。

5. 去污能力强

汽车玻璃附着污垢的主要成分为泥沙、灰尘、树胶、虫胶、鸟粪、汽柴油燃烧产生的油垢、残余上光蜡等,特别是夏秋季节在高速公路行驶后,风窗玻璃上几乎全是虫胶,严重影响视线,只用清水是很难将这些污物洗掉的。因此风窗玻璃洗涤液中加入的有机溶剂应具有较强的洗涤性能。

6. 挥发性能好

清洗风窗玻璃往往是在汽车行驶当中进行的,因此要求风窗玻璃洗涤液具有较好的挥发性,在短时间内能迅速蒸发干净,否则长期停留在风窗玻璃上影响驾驶人视线,易出现安全事故。

第二节　汽车风窗玻璃洗涤液的组成及技术指标

一、汽车风窗玻璃洗涤液的组成

汽车风窗玻璃清洗液的主要成分为水、有机溶剂、表面活性剂、香精及一些其他助剂。

1. 水

汽车风窗玻璃洗涤液中的水必须是纯净的水,即必须是净水、软化水或蒸馏水,不能用一般的自来水,也不能直接用井水(当然更不能用污水)。因为自来水、井水容易结垢,特别容易堵塞喷水孔,使风窗玻璃洗涤液无法喷出,也就不能清洗风窗玻璃了。

2. 有机溶剂

汽车风窗玻璃洗涤液的主要溶剂是水,但油垢、动植物胶质等很难被水洗净,因此风窗玻璃洗涤液中必须加入有机溶剂,以增加洗涤液对污物的溶解性。同时,为了保证冬季使用,汽车风窗玻璃洗涤液必须防冻,有机溶剂的加入可使汽车风窗玻璃洗涤液的冰点达到防冻要求。

常用的有机溶剂有甲醇、乙醇、丁醇、异丙醇等。甲醇价格低廉,溶解性能好,防冻效果强,但闪点低、毒性大,安全性能较差,低档产品可以选用;丁醇、异丙醇价格较乙醇高,毒性也较乙醇高,且气味异味感大;乙醇价格适中,溶解性好,防冻性也好,安全无毒,虽有轻微气味,但能被一般人所接受,故基本上都选用乙醇作为有机溶剂。

3. 表面活性剂

表面活性剂的少量添加能大大降低水的表面张力,改变体系界面状态,产生润湿、渗透、增溶、净洗、分散等一系列作用,所以,适当的表面活性剂在汽车风窗玻璃洗涤液中必不可少。

表面活性剂的种类很多,可分为阴离子表面活性剂、阳离子表面活性剂、非离子表面活性剂、两性离子表面活性剂等。考虑到风窗玻璃洗涤液清洗后残留物少、不形成条纹痕迹、使玻璃表面保持高度透明的要求,风窗玻璃洗涤液配方中常以不残留固体的液体非离子表面活性剂为主洗剂,加入少量阴离子表面活性剂起润滑作用和光亮作用。

一种常用的表面活性剂是 AEO-9(脂肪醇聚氧乙烯醚),是天然脂肪醇与环氧乙烷的合成物。AEO-9 作为非离子表面活性剂,具有良好的乳化、去污、净洗等性能,广泛用于配制民用洗涤剂、工业乳化剂和金属清洗剂等。

4. 助剂

助剂就是为了提高风窗玻璃洗涤液的某种性能而在其中加入的一种辅助化学品。一种主要的助剂是 EDTA(乙二胺四乙酸),它是一种重要的络合剂,目前用途很广,广泛用于水处理剂、洗涤用添加剂、照明化学品、造纸化学品、油田化学品、锅炉清洗剂及分析试剂。它在水溶液中能与钙、镁等金属离子形成稳定的络合物,使金属离子被束缚,使硬水软化。此外,它还具有如下作用:与水的相容性极好,可提高水溶液的透明度;具有一定的杀菌能力;部分起到表面活性剂的作用;是风窗玻璃洗涤液的稳定剂,使其不易变质;通过提高碱性来提高去污性能,特别是提高去除油性污垢的能力。

5. 香精

为了遮掩洗涤液原料中难闻的味道,常在汽车风窗玻璃洗涤液中加入香精。但香精能够在洗涤时造成条纹,所以应选用一些香味较强的香精,以尽量减少香精的用量。

此外,在汽车风窗玻璃洗涤液中还加有防雾剂、阻凝剂、助洗剂、染色剂等,以提高风窗玻璃洗涤液的防结雾、防结冰和洗涤污物的能力,风窗玻璃洗涤液一般染成蓝色,主要用以与其他液体区别,同时防止误饮。

表 12-1 所列是两种风窗玻璃洗涤液的配方,将表中所述溶液,根据不同季节需要,按 5%~10% 稀释即可获得不同凝点的汽车风窗玻璃洗涤液。这种配方的风窗玻璃洗涤液去污性好,不损坏金属和非金属表面,不腐蚀橡胶。

汽车风窗玻璃洗涤液配方　　　　　　　表 12-1

组　成	配方 1（%）	配方 2（%）
活化剂	4.0	5.0
防雾剂	1.0	—
阻凝剂	3.5	—
无机助洗剂	6.0	—
有机助洗剂	1.5	22.0
香精	0~0.1	0~0.1
水分	余量	余量

二、汽车风窗玻璃洗涤液的技术指标

汽车风窗玻璃洗涤液目前尚无国家标准和行业标准,根据汽车风窗玻璃洗涤液的技术特点和使用要求,汽车风窗玻璃洗涤液的技术指标要求见表 12-2。

汽车风窗玻璃洗涤液的技术指标　　　　　　　表 12-2

项　目		指标要求	检测条件
外观		透明液体	目测
气味		无异味或有淡香味	嗅觉
冰点		冬用根据地区选 -30℃ 或 -20℃,夏用无要求	SH/T 0091—1991
pH 值		7.0±0.5	GB/T 9724—2007
清洁性	洗净性、分散性	透过玻璃视野清晰,可容易地对油污成分乳化分散	—
对金属腐蚀	铝板、不锈钢板、黄铜、铬酸盐镀锌板等	应无明显的点状腐蚀和粗糙表面	GB/T 11143—2008 50℃±2℃ 48h
对橡胶影响	天然橡胶 三元乙丙橡胶 氯丁橡胶	应无表面的粘接、炭黑脱落以及龟裂等异常现象,橡胶溶胀性 <10%	GB/T 14832—2008 50℃±2℃ 120h±2h
对塑料的影响	聚乙烯树脂 聚丙烯树脂	无明显变形和变色现象	50℃±2℃ 120h±2h
对涂层影响	丙烯树脂瓷漆 氨基醇酸树脂漆	应无涂层软化和膨胀现象,试验前后的光泽和颜色应无变化	50℃±2℃ 6h
稳定性	加热稳定性	允许有棉毛状沉淀但不应有结晶粒子	50℃±2℃ 8h 后 20℃±15℃
	低温稳定性		-15℃±2℃ 8h 后 20℃±15℃ 16h

第三节　汽车风窗玻璃洗涤液的分类及合理使用

一、汽车风窗玻璃洗涤液的种类

目前,我国汽车用品零售市场上的风窗玻璃洗涤液可分为以下三种:

第一种为夏季使用,在清洗液里增加了除虫胶成分,可以快速清除撞在风窗玻璃上的飞虫残留物。

第二种为冬季使用,是防冻型风窗玻璃洗涤液,保证在外界气温低于-20℃或-30℃时,依旧不会结冰冻坏清洗系统。

第三种是特效防冻液,适合我国东北和西北地区的严寒地带使用,保证在-40℃时依旧不结冰。

优质的风窗玻璃洗涤液是由去离子水加各类环保添加剂制成的,具有去污、防冻、抗静电、防腐蚀等多种功能。有些更好的优质风窗玻璃洗涤液,还带有快速融雪融冰、防眩光、防雾气等性能,这些功能都对提高行驶安全有着重要的作用。

有的车主为了降低汽车使用成本,不用专用风窗玻璃洗涤液,而是自己制作风窗玻璃洗涤液。做法是在水中兑一点洗洁精、洗涤剂或洗衣粉来替代专用风窗玻璃洗涤液,认为又便宜又省心。这种做法存在着一定的隐患:洗衣粉水里会有一些沉淀物,时间长了,不仅会腐蚀橡胶管、接水槽,而且会堵塞喷水口,严重情况下会损坏到电动机;一般洗涤剂都呈碱性,对橡胶会有一定的腐蚀性,会加速催化刮水器胶条的硬化,硬化的胶条刮擦风窗玻璃时,会加速风窗玻璃表面被刮毛、刮花,如果重新更换刮水器,付出的费用将是风窗玻璃洗涤液的几十倍价格,若不得不更换风窗玻璃,那损失就更大了;这种自制的风窗玻璃洗涤液也没有任何防冻功能。

也有的车主直接用清水替代风窗玻璃洗涤液。用水代替风窗玻璃洗涤液,即使是纯净水,也不可取,因为它并不具备润滑、防雾、防静电、快速挥发等功能,也没有防冻功能,一到0℃就结冰。因此,严禁用洗洁精、洗涤剂或洗衣粉等自制风窗玻璃洗涤液;若非紧急情况,不建议用水代替风窗玻璃洗涤液。

由于风窗玻璃洗涤液制造的技术含量不高,门槛相对较低,市面上有些劣质的风窗玻璃洗涤液多数是用水和劣质酒精等兑制而成,这种风窗玻璃洗涤液不仅损害汽车漆面光泽度,使橡胶条老化发硬,严重的还会引起橡胶件或其他塑料件产生色差、胀溶等。风窗玻璃洗涤液在清洗完玻璃后,会流到空调进风口附近,风窗玻璃洗涤液挥发的有害气体和味道也会沿着汽车空调的通风管道进入到驾驶室内,直接危害驾驶人和乘客的健康。

二、汽车风窗玻璃洗涤液的合理使用

汽车风窗玻璃洗涤液看似非常简单,也没有什么技术含量,但也要正确、合理使用,才能发挥其积极作用。否则,轻则影响使用,重则造成安全事故。

(1) 如果购回后自己添加,请注意加注不要过量,一般最大容纳量为1.5L。加注前认真阅读说明书,搞清楚是否需要兑水(当然是纯净水)稀释。

(2) 选择风窗玻璃洗涤液时注意季节特点,夏秋季节应尽量选择除虫胶性能较好的风窗玻璃洗涤液;冬季主要注重风窗玻璃洗涤液的防冻、融冰雪功能。

(3) 天气较热时有的车主喜欢将喝剩的矿泉水、纯净水加到风窗玻璃洗涤液中,因为天气较热时不存在风窗玻璃洗涤液结冰问题。但当天气骤冷时,这种一再被稀释甚至已完全没有防冻能力的所谓风窗玻璃洗涤液就很容易结冰,从而影响使用甚至出现故障。

(4) 行车途中当风窗玻璃洗涤液用完时,临时救急可用纯净水甚至自来水代替风窗玻璃洗涤液,但过后条件允许时应立即更换为风窗玻璃洗涤液,否则可能造成喷孔堵塞或结冰。

(5) 自己添加风窗玻璃洗涤液时,要注意不要添加过满,如果加注口出现一些泡沫,不需担心,并不影响使用。

(6) 准备在灰尘较多的环境使用汽车及上高速路时,应提前检查补充风窗玻璃洗涤液。一是因为这些情况下风窗玻璃洗涤液的消耗量会更大一些,二是在这种情况下一旦缺失风窗玻璃洗涤液对安全性影响较大。

(7) 夜间行车时,玻璃上的灰尘会散射光线,严重影响驾驶人视线,使驾驶人看不清前方路面情况,易出现安全问题,因此夜间行车时应及时清洗风窗玻璃。

(8) 添加风窗玻璃洗涤液时谨防溅入眼中,如不慎溅入应立即用清水冲洗,如感不适应去医院就医。

(9) 风窗玻璃洗涤液存放时应远离火源、热源,在室内阴凉干燥处存放。

(10) 严禁让儿童接触风窗玻璃洗涤液,特别是要严防儿童误食,一旦误食应立即送医。

(11) 冬天选择风窗玻璃洗涤液的冰点应低于当地最低气温10℃才保险,因为行车中清洗时,由于风吹的原因,从喷头喷出的风窗玻璃洗涤液温度瞬间下降,冰点不够低的话有可能造成喷出后结冰而无法清洗。

复习思考题

1. 汽车风窗玻璃洗涤液都有哪些作用?
2. 对风窗玻璃洗涤液的性能有何要求?
3. 汽车风窗玻璃洗涤液由哪些部分组成?
4. 汽车风窗玻璃洗涤液有哪些种类?
5. 玻璃水能否自制或用清水代替?劣质玻璃水有何危害?
6. 使用汽车风窗玻璃洗涤液应注意哪些问题?

第十三章　汽车摩擦材料

摩擦材料是用粉末冶金方法制成的、具有高摩擦系数和高耐磨性能的高分子复合材料，是由高分子粘结剂（树脂与橡胶）、增强纤维和摩擦性能调节剂及其他配合剂构成，被广泛应用在汽车、火车、飞机及各类工程机械上，是机械装置动力传递或制动减速时不可缺少的材料，在汽车上主要用在制动器和离合器上。

摩擦材料在汽车工业中属于关键的安全件，汽车的起动、制动、驻车和动力传递等都离不开摩擦材料，摩擦材料性能的好坏直接关系着汽车性能的发挥，更关系着人民生命财产的安全。摩擦材料的特点是具有良好的摩擦系数和耐磨性，同时具有一定的耐热性和机械强度，能满足车辆的传动与制动的性能要求。

第一节　汽车摩擦材料的发展历史

最早期的摩擦片是用棉花、棉布、皮革等作为基材，如将棉花纤维或其织品浸渍橡胶浆液后，进行加工成型制成制动片或制动带。其缺点是耐热性较差，当摩擦面温度超过120℃后，棉花和棉布会逐渐焦化甚至燃烧。随着车辆速度和载重的增加，其制动温度也相应提高，这类摩擦材料已经不能满足使用要求。人们开始寻求耐热性好的、新的摩擦材料类型，石棉摩擦材料由此诞生。

石棉是一种天然的矿物纤维，它具有较高的耐热性和机械强度，还具有较长的纤维长度、很好的散热性，柔软性和浸渍性也很好，可以进行纺织加工制成石棉布或石棉带并浸渍粘结剂。石棉短纤维和其布、带织品都可以作为摩擦材料的基材。1905年石棉制动带开始被应用，很快就取代了棉花与棉布而成为摩擦材料中的主要基材料。其制品的摩擦性能和使用寿命、耐热性和机械强度均有较大的提高。1918年开始，人们用石棉短纤维与沥青混合制成模压制动片。20世纪20年代初酚醛树脂开始工业化应用，由于其耐热性明显高于橡胶，所以很快就取代了橡胶，而成为摩擦材料中主要的粘结剂材料。由于酚醛树脂与其他的各种耐热型的合成树脂相比价格较低，故从那时起，石棉—酚醛型摩擦材料被世界各国广泛使用到20世纪70年代中期。

由于石棉本身是隔热的，导热能力特别差，所以在反复制动后会堆积起大量的热量，导致严重热衰减，甚至制动失灵，而且石棉又是致癌物质。因此20世纪70年代中期至80年代中期，汽车开始向非石棉摩擦材料过渡。

20世纪80年代中期以后，随着现代社会对环保与安全的要求越来越高，发达国家竞相开展了非石棉摩擦材料的研究开发，相继推出了一系列非石棉摩擦材料：半金属摩擦材料、烧结金属摩擦材料、代用纤维增强或聚合物粘结摩擦材料、复合纤维摩擦材料等,它们的共同特点是不含石棉;采用代用纤维或聚合物作为增强材料;增加金属成分提高其使用强度及寿命;加入了多种添加剂或填料,以改善摩擦平稳性和抗黏着性、降低制动噪声和震颤现象。

半金属摩擦材料主要是采用粗糙的钢丝绒作为加固纤维,它比石棉摩擦材料具有更好的温控能力,能够承受更高的制动温度,也更加耐用。但半金属摩擦材料的金属含量高、强度大,因此其摩擦力比石棉摩擦材料小,车辆就需要更高的制动力来完成同样的制动效果;而且在制动过程中,同为金属的制动盘与制动片的接触摩擦会造成更大的噪声和相对磨损;此外,半金属摩擦材料的导热能力过强,虽然这使其能够承受更高的制动温度,但其所传递出去的温度会被传递到制动卡钳和其他金属组件上,导致制动液受热过多而沸腾,降低制动效果;过高的温度还会使制动卡钳、活塞密封圈和复位弹簧加速老化。

20世纪90年代后期,从欧洲开始出现了一种少金属摩擦材料(NAO),这种摩擦材料不含石棉,采用两种或两种以上纤维、少量钢纤维、铁粉等制成。少金属摩擦材料克服了半金属摩擦材料固有的高密度、易生锈、易产生制动噪声、导热系数过大、易磨制动盘、制动鼓等缺陷,现已得到广泛应用。

21世纪初,人们又研制出了陶瓷摩擦材料,其主要成分为陶瓷和几种纤维,其特点是环保、摩擦噪声低、对制动盘和制动鼓的磨损小、不生锈、不腐蚀、磨耗低、粉尘少。但这方面的技术还不太成熟,目前应用的只有钛酸钾晶须、硅氧铝纤维两种,随着技术的不断进步,陶瓷摩擦材料在汽车上的应用必将越来越广泛。

第二节 汽车摩擦材料的组成

摩擦材料属于高分子复合材料,由粘结剂、增强纤维、摩擦性能调节剂和填料四大部分组成。

1. 粘结剂

粘结剂的作用是将组成摩擦材料的各组分紧密地粘结在一起,以保持制动片在高温机械作用下的结构完整性。汽车摩擦材料中一般采用的是热固化型粘结剂,具体有酚醛树脂、三聚氰胺树脂、环氧树脂、硅树脂、聚酰胺树脂等类型。

应用最广泛的是酚醛树脂粘结剂,酚醛树脂的物理力学性能见表13-1。它具有优异的耐热性能、力学性能和电绝缘性能,且原料易得,价格便宜,工艺及生产设备简单。但纯酚醛树脂摩擦片的硬度高、脆性大、耐热差,当超过300℃时,由于热分解严重将导致摩擦片的性能显著下降,因此一般要对酚醛树脂进行增韧和耐热方面的改性。

为了更大的提高粘结剂的高温性能,防止或尽量减少摩擦片在使用中发生"三热"现象(热衰退、热膨胀、热龟裂),更先进的汽车摩擦材料已经采用聚酰亚胺树脂作为粘结剂,但其成本太高,目前还不易普及。

2. 增强纤维

增强纤维是摩擦材料的基材,主要起增加机械强度的作用,使摩擦片能承受在使用过程中由于制动和传动而产生的冲击力、剪切力和各种压力,因此对摩擦材料提出了相应的抗冲击强度、抗弯强度、抗压强度、抗剪切强度等方面的要求,表13-2为几种常用纤维的物理性能。传统材料用的是石棉等矿物纤维,半金属摩擦材料中使用的是钢纤维,同时加入少量铜纤维及其少量矿物纤维。近年来,增强纤维的种类也越来越多,其中最为成功的是芳纶(Kevlar)的应用。

常用的酚醛树脂的物理力学性能　　　　表13-1

类别	性能	指标
物理性能	密度(kg/m^3)	1250~1350
	比热容[$J/(kg \cdot k)$]	1590~1750
	导热系数[$W/m \cdot K$]	0.018~0.030
	线膨胀系数	$(2.6~6.0) \times 10^{-5}$
	热分解活化能(J/mol)	75.24
	燃烧温度(℃)	341
	自燃温度(℃)	510
力学性能	洛氏硬度	90~128
	抗拉强度(MPa)	42~64
	伸长率(%)	1.5~2.0
	压缩强度(MPa)	88~110
	弹性模量(MPa)	3200
	弯曲强度(MPa)	78~120

几种常用纤维的物理性能　　　　表13-2

性能名称	石棉	芳纶	氰纶	碳纤维	玻纤	钢纤维	矿棉	陶瓷纤维
抗拉强度(GPa)	2.1	2.75	0.88	1.3	3.4	0.95	1.5	1.1
弹性模量(GPa)	11.7	62.0	17.7	30	72	11	70	152
模氏硬度	2.5~4	—	—	6	6.5	5	6	6
密度(g/cm^3)	2.5	1.44	1.18	2.5	2.5	7.5	2.7	1.7
直径(μm)	16~30	12	10	10	10	120	5	10
伸长率(%)	—	3.3	2	4.8	4.8	7	—	1

有机纤维的加入,可以降低材料的密度、减小其磨损量,但同时也会降低材料的摩擦系数。为了提高摩擦材料在各温度段的稳定性及其纤维和粘结剂的亲和性能,在实际应用中往往采用多种纤维混合使用。单一纤维增强的摩擦材料性能不全面,存在着各种缺陷,而几种纤维混合在一起,性能可相互补充,发挥混杂效应,制成的摩擦材料性能优良。表13-3为几种常用纤维的优缺点比较。

3. 摩擦性能调节剂

摩擦性能调节剂是一类添加到摩擦材料中能改进摩擦系数和磨损率的物质。摩擦性能调节剂主要分为润滑剂和研磨剂两大类。润滑剂的主要目的是减小制动时摩擦系数的变化。常用的润滑剂包括石墨和各种类型的金属硫化物。金属硫化物被认为是比石墨更好的润滑剂,因为酚醛树脂粘结剂与石墨的低粘结强度不能满足现代汽车工业高效制动的要求,会加速摩擦材料的磨损,而金属硫化物不存在这个问题。但是一些化合物如铅和锑的硫化物是有毒的,所以更加安全的金属硫化物如锡、铜、钼的硫化物有可能成为理想的润滑剂。

几种常用纤维的优缺点比较　　　　　表13-3

纤维	优点	缺点
芳纶	强度高、模量高、密度低、热稳定性好、不损伤对偶件、磨损低、摩擦因数稳定	价格昂贵,混合时断裂,使用时需与其他纤维并用
玻纤	强度高、模量高、价格便宜	高温时熔化产生光滑表面导致热衰退,混合时高剪切力下纤维易变形,磨损高、摩擦因数不稳定、对皮肤有影响
碳纤维	强度高、模量高、非熔性、热稳定性好	价格高,混合时易变形断裂
钢纤维	强度高、模量高、热稳定性好	密度大、易锈蚀、损伤对偶件、有噪声
热塑性纤维	强度高	可熔、易老化、导致热衰退
石棉纤维素	价格低、强度高、模量高、热稳定性好、不熔、低磨损,可作为填料	有害健康,高于500℃将失去结晶水而使摩擦性能很差

研磨剂能增加摩擦材料的摩擦系数,调节材料的热稳定性能及其工作稳定性,但同时也会增加对偶件的磨损。研磨剂可移除对偶件上的铁氧化物以及制动时产生的有不利影响的表面膜,但高含量的研磨剂会增加摩擦系数的波动性。常用研磨剂有锆氧化物、硅酸锆、氧化铝、碳化硅、二氧化硅和铬氧化物等,都是坚硬颗粒。加入氧化铝可提高摩擦系数,减小磨损率;加入碳化硅,能够大幅度提高摩擦系数,而磨损率只有少量增加;一定量的三硫化二锑(Sb_2S_3)和硅酸锆($ZrSiO_4$)对摩擦系数的大小、稳定性有很大的影响。

摩擦性能调节剂对摩擦材料的摩擦特性影响很大,增加润滑剂的含量可提高摩擦系数的稳定性,而增加研磨剂含量会增加摩擦系数的波动性,所以协调好制动摩擦材料中润滑剂与研磨剂的用量非常重要。

4. 填料

填料主要以粉末的形式加入。填料的作用很多,比如说加入铜粉,它的作用是可以在摩擦材料和对偶件形成转移膜,既能提高摩擦力矩和稳定摩擦系数,还能减小对偶件的损伤,提高整个摩擦副的耐磨性能;加入硫酸钡,可以提高材料的密度。填料对摩擦材料的力学性能、物理性能和摩擦性能都有重要影响。使用填料的目的主要有以下几个方面:

(1)调节和改善材料的摩擦性能、物理性能与机械强度。

(2)控制材料的热膨胀系数、导热性和收缩率,增加材料的稳定性。

(3)改善材料的外观质量、密度和制动噪声。

(4)提高材料的制造工艺性能与加工性能,降低生产成本。

按照化学成分不同,填料可分为有机填料、无机填料和金属填料。有机填料主要有橡胶粉、沥青、腰果壳粉、热塑性树脂或热固性树脂等;无机填料主要有二氧化硅、三氧化二铝、三氧化二铁、石墨、铬铁矿、钾长石等;金属填料主要有钢丝、铜屑、铸铁粉、铝粉、锌粉等。表13-4列举了一些常用的摩擦填料及其主要作用。

第十三章 汽车摩擦材料

常用摩擦填料及其主要作用　　　　　　表 13-4

摩擦材料	主要作用	摩擦材料	主要作用
带水氧化铝[$Al(OH)_3$]	研磨薄膜	铜粉(Cu)	稳定薄膜
无水氧化铝(Al_2O_3)	稳定衰退	锌粉(Zn)	增加耐磨
硫酸钡($BaSO_4$)	增加耐磨	块状石墨(C)	促进吸热
氧化锌(ZnO)	增加耐磨	黄铜片(Cu/Zn)	研磨薄膜
氧化镁(MgO)	减低摩擦	石墨(C)	润滑性
三硫化锑(Sb_2S_3)	防止老化,高温时减少磨耗	—	

第三节　对汽车摩擦材料的技术要求

摩擦件是汽车制动器总成和离合器总成中的关键部件之一,它关系到汽车动力性的发挥和安全性能的保障。汽车摩擦材料主要应满足以下技术要求。

1. 适宜而稳定的摩擦系数

摩擦系数是评价摩擦材料的一个最重要的性能指标,关系着摩擦片执行传动和制动功能的好坏。摩擦系数会受温度、压力、摩擦速度、表面状态及周围介质等因素影响而变化,理想的摩擦材料应具有合适的冷摩擦系数和可以控制的温度衰退。

温度是影响摩擦系数的最重要因素。摩擦材料在摩擦的过程中,由于温度的迅速升高,一般温度达200℃以上,摩擦系数开始下降。当温度达到树脂和橡胶分解温度范围后,将产生摩擦系数的骤然降低,这种现象称为"热衰退"。热衰退会导致制动效能下降,严重的将直接导致制动失效。在摩擦材料中加入高温摩擦调节剂,是减少和克服"热衰退"的有效手段。经过"热衰退"的摩擦片,当温度逐渐降低时其摩擦系数会逐渐恢复至原来的正常值。因此,在使用中应尽量避免摩擦片温度过高(制动片的适宜工作温度为100~350℃),如不能连续长时间制动(应降低车速或利用发动机制动)、离合器不能半联动(起步、换挡时除外)等。

摩擦材料表面沾水时,摩擦系数也会下降,当表面的水膜消除恢复至干燥状态后,摩擦系数就会恢复正常。因此,在汽车涉水后,应尽快选择合适路段进行连续制动,以使制动器处的水分迅速蒸发,恢复制动效能。

摩擦材料表面沾有油污时,摩擦系数将显著下降,制动效能大打折扣。因此应尽量避免制动器、离合器沾到油污,一旦粘上油污应立即擦拭或清洗。

所谓适宜而稳定的摩擦系数,也就是说摩擦系数也不能太高,当摩擦系数过大时,制动时容易突然抱死,易出现翻车事故。

2. 良好的耐磨性

摩擦材料的耐磨性决定着其使用寿命,也是衡量摩擦材料的重要技术经济指标。耐磨性越好,它的使用寿命就越长,经济性就越好。摩擦材料在工作过程中的磨损,主要是由摩擦接触表面产生的剪切力造成的。工作温度是影响磨损量的重要因素,当材料表面温度达到有机粘结剂的热分解温度时,有机粘结剂如橡胶、树脂等就会产生分解和碳化现象。而且温度越高,这种现象就越加剧,磨损量就急剧增大,这种现象称为"热磨损"。

选用合适的减摩填料和耐热性好的树脂、橡胶,能有效地减少材料的工作磨损,特别是热磨损,可延长其使用寿命。

3. 良好的机械强度和物理性能

摩擦材料制品在装配使用之前,需进行钻孔、铆装装配等机械加工,才能制成制动片总成或离合器总成。在摩擦工作过程中,摩擦材料除了要承受很高的温度,还要承受较大的压力与剪切力。因此要求摩擦材料必须具有足够的机械强度,以保证在加工或使用过程中不出现破损与碎裂。

对铆接式制动片,要求有一定的抗冲击强度、铆接应力、抗压强度等。

对粘结式制动片,盘与片要具有足够的常温粘结强度与高温(300℃)粘结强度,以保证摩擦材料与钢背粘结牢固,能经受住制动过程中的高剪切力,而不产生相互脱离,造成制动失效的严重后果。

对离合器片,要求具有足够的抗冲击强度、静弯曲强度、最大应变值以及旋转破坏强度,以保证离合器片在运输、铆装加工过程中不致损坏,同时保障离合器片在高速旋转的工作条件下不发生破裂。

4. 制动噪声低

制动噪声关系到车辆行驶时的乘坐舒适性,而且制动噪声还会对周围环境特别是对城市环境形成噪声污染。对于轿车和城市公交车来说,制动噪声是一项重要的性能指标。随着人们生活水平的不断提高,环境污染也越来越受到各方面的重视,今后汽车摩擦材料将会向着无污染、绿色环保方向发展。我国规定一般汽车制动时产生的噪声不应超过85dB。

引起制动噪声的因素很多,材料的摩擦系数越高、硬度越大,越易产生噪声。制动时摩擦片与制动盘(鼓)在高速与高压相对运动下的强烈摩擦作用,使彼此产生振动,从而放大了制动噪声。制动片经高温制动作用后,工作表面形成了光而硬的碳化膜(釉质层),这层釉质层在制动摩擦时会产生高频振动及相应的噪声。

5. 减摩作用好

摩擦材料制品的传动或制动功能,都要通过与对偶件即摩擦盘(鼓)在摩擦中实现。在摩擦过程中,摩擦偶件相互都会产生磨损,这是正常现象。但是作为消耗性材料的摩擦材料制品,除自身应该尽量少磨损外,另一个重要的任务就是尽量减少对偶件的磨损,这样就可延长对偶件的使用寿命,这种作用就称为摩擦材料的"减摩作用"。减摩作用好的摩擦材料,可提高制动器、离合器总成的使用寿命,降低汽车使用成本。

第四节　汽车制动片的检查

正常行驶条件下,汽车每行驶5000km时,应检查一次制动摩擦片,不仅要检查剩余的厚度,还要检查其磨损的状况,如检查左右两边磨损的程度是否一样,回位是否自如等,发现不正常的情况必须立即处理。

一些车辆具有摩擦片磨损的报警功能,一旦达到了磨损极限,报警装置会在制动时发出尖锐的声音来提示更换制动摩擦片。已经达到寿命极限的制动摩擦片必须更换,否则会严重影响制动效果及行车安全。汽车制动摩擦片的检查方法是"一看二听三感觉",具体如下。

1. 一看:看厚度

新制动片厚度一般在1.5cm左右,随着使用中不断摩擦,厚度会逐渐变薄。一般当肉眼观察制动片厚度磨到仅剩原先1/3厚度(约0.5cm)左右时,就应增加检视频率,随时准备更换了。有些车型由于轮毂设计原因,不具备肉眼查看的条件,需要拆卸车轮才能完成检视。

在制动片的两侧一般都有一个凸起的磨损标志,这个标志的厚度在2~3mm,这也是制动片更换的最薄极限标志。如果制动片厚度已经与此标志平行,则必须进行更换。因此当制动片厚度接近此标志的时候,就要准备该更换了。但在不拆卸轮胎的情况下通过肉眼很难准确观察,现在一般车型在制动片磨损过薄时会在仪表屏幕上有所提示,这样就相对简单一些,只需留意观察警告灯就可以了。

由于用车环境和开车习惯不同,制动片没有严格的更换间隔,一般在行驶5万km以上就要考虑更换问题了。对于没有制动片磨损报警的车型,当肉眼观察发现制动片较薄时应当在维护时要求技术人员进行检查,因为肉眼观察本来就会存在误差,专业的维修站通过卡尺要比肉眼观察更严谨一些。

2. 二听:听声音

检查时轻点制动,如果听到制动器处有"铁蹭铁"的呲呲声,这种情况是由于凸起的磨损标记与制动盘这两种金属直接摩擦产生的声音,说明摩擦片已到磨损极限了,此时制动片必须立即更换。而且在更换制动片的同时要配合制动盘的检查,出现这种声音时往往制动盘已经受到损坏,此时即便更换新的制动片仍然不能消除响声,严重时需要更换制动盘。制动盘的价格要比制动片高出很多,因此还是勤检查制动片,避免更换制动盘。

有些质量较次的制动片中有硬点,这样也会产生异响,一般情况下使用一段时间后异响也会逐渐消失。

3. 三感觉:感觉制动力度

与之前相比,如果感到制动吃力了,那就有可能是制动片基本已经丧失摩擦力了,这时候最好进一步检查,避免带来后患。这种检查方法相对较抽象,一般人凭感觉可能不太好把握,因此还是养成一个良好的自检习惯比较好。另外制动效果降低会导致制动液消耗增加,因此在更换制动片的同时还应检查制动液的情况。

第五节 汽车制动片的更换

一般情况下,汽车制动片在行驶里程5万~6万km就要考虑更换了。需要注意的是,制动片的更换周期并没有一个准确里程数,因为不同的驾驶环境和驾驶习惯会对制动片的磨损量产生巨大的影响,长期在不同道路如平路、山区、高速路、越野地带行驶的汽车,其制动片的磨损速度差别很大。因此制动片的检查更换在很大程度上还是要靠驾驶人操心或依靠制动片磨损报警了。

一、更换条件

通常出现以下几种情况时,就必须更换制动片了:
(1)制动片的厚度小于车辆使用手册上允许的最小更换标准时。
(2)制动片的磨损标记接触到制动盘发出警报时(包括电脑警报或金属摩擦的刺耳声)。
(3)制动片被大面积油脂污染时(因为油脂大面积浸润制动片,容易导致整块制动片的分子结构发生改变,导致制动片打滑、强度降低甚至脆裂)。
(4)制动片发生异常磨损或者断裂时。

当然以上只是人工判断,由于内制动片的磨损情况无法直接观察到,所以最终的检查判断还是需要拆下车轮,通过专业工具来测量制动片的磨损情况,再决定是否更换制动片。

二、更换方法

(1)卸下车轮。
(2)松开制动钳体紧固螺钉,并检查螺钉、制动钳滑动导杆,清除上面的泥沙及油污,并进行润滑维护。
(3)将旧制动片拆下,用专用量具测量其磨损程度。
(4)检查制动盘的磨损程度,看是否起沟起槽,若磨损严重应更换新的制动盘。
(5)安装好附件,紧固钳体。
(6)将车轮安装复位。

需要注意的是:安装新制动片应分清内外,制动片的摩擦面应朝向制动盘,使盘片配合合适。安装好附件,紧固钳体。在紧固钳体前,应使用工具将钳上的活塞推回位,以便于将钳安装到位。安装轮胎螺钉时,应对角紧固,这样有利于保护轮胎和制动轮毂。同时,还要检查胎面及边缘的磨损情况是否正常,最好左、右两轮能定期更换使用,这样会有利于延长轮胎的使用寿命。最后,还需要检查制动液,如有必要则应添加或更换。

更换摩擦片后,在开车离位前,一定要深踩几脚制动踏板,以消除摩擦片与制动盘之间的缝隙,充分磨合,否则容易造成制动失灵。摩擦片更换后,需磨合200km才能达到最佳的制动效果,因此更换摩擦片后的一段时间内须谨慎行驶,不要大力踩制动踏板,需制动时应尽量早踩长磨。

三、注意事项

1. 尽量使用与原车相同材质的制动片

更换制动片时,需要使用与车系、车型、年款匹配的产品。不同材质的制动片不能相互替换(除非同时更换制动盘和制动片),因为制动片材料与制动盘材料也存在摩擦匹配问题。

2. 新换制动片后有时会出现制动偏软

新换制动片后,如果感觉制动不如先前那么有力,有可能是在安装制动片时不符合标准,或者是使用了劣质制动片。在安装制动片时,如果制动盘没有做过清洁,或者是没有发现制动油管存在故障或是油压缸内排气不彻底等原因,这种情况下更换了新的制动片后可能会出现制动偏软的现象。

3. 新换的制动片制动时有异响

新换制动片后,有的开始制动时有尖叫声,这是制动片和制动盘的摩擦声,与制动片的材质有关。有的制动片里的金属丝或其他坚硬的材质颗粒较大,当制动片磨损到这些物质时就会与制动盘发生声响。一般来讲,这种现象对制动性能并没有多大影响,磨合一段时间以后就会正常。

4. 制动片摩擦系数过高过低都对制动效果有影响

如果制动片的摩擦系数过低,会导致制动不灵敏;而摩擦系数过高又会出现车轮抱死现象。因此说制动片摩擦系数过高或过低都会影响制动性能。

5. 有时制动会冒烟

制动冒烟一般都是由频繁制动引起的,尤其是在下长坡时,如果不利用发动机制动,而是一味踩制动踏板,制动片则有可能会因温度过高而冒烟。这是因为制动片组成物质中含有约20%的有机物,在温度过高时发生分解并冒烟。

6. 注意数据复位

对于中高档车,一般在进行制动片更换后还要用专用电脑进行数据复位才能正常制动,因此这些车辆的制动片更换应选择在有条件的4S店或修理厂进行。

复习思考题

1. 汽车摩擦材料有哪些类型,各有何特点?
2. 汽车摩擦材料由哪些部分组成?
3. 对汽车摩擦材料的技术要求有哪些?
4. 如何检查汽车制动片?
5. 汽车制动片的更换标志是什么?
6. 如何更换制动片?
7. 更换及使用制动片时应注意哪些问题?

第十四章 汽车轮胎

第一节 汽车轮胎的作用和构造

一、汽车轮胎的作用

1. 承受质量

在汽车上所有零部件中,只有轮胎是与路面直接接触的,汽车上的所有质量都是靠轮胎来支撑的,因此轮胎必须具有足够的承载能力。轮胎所承受的负荷不仅与汽车质量息息相关,而且还与路面质量、行驶速度等因素有关。所以在考虑汽车轮胎的承载能力时,必须考虑到动载荷对轮胎的影响。

2. 产生附着

由于轮胎是唯一与地面接触的部件,因此汽车起步、行驶时所需要的驱动力及汽车制动时所需要的制动力,都要靠轮胎与路面的摩擦(附着)作用而产生。因此,轮胎与路面间应能产生足够的附着力。为了增大轮胎与各种路面的附着力,轮胎胎面应具有不同的花纹形状。

正常路面(包括泥泞路和湿滑路面)可使用普通胎,其他路面需使用越野胎。更专业一点的话,冰雪路需使用防滑胎,沙漠中行驶则需使用沙漠轮胎。

3. 缓冲作用

轮胎的弹性对汽车行驶中所受到的冲击载荷起着缓冲作用,从而使乘客感觉不到不平路面的强烈冲击。通常轮胎气压越低、帘线层越少,缓冲性能就越好。

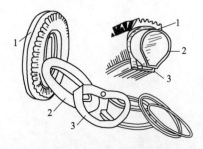

图 14-1 充气轮胎的结构
1-外胎;2-内胎;3-垫带

二、汽车轮胎的构造

汽车轮胎绝大多数为充气轮胎,充气轮胎中的绝大多数为有内胎轮胎。现以有内胎轮胎为例介绍轮胎的结构,如图 14-1 所示。

1. 外胎

外胎的主要作用是防护内胎损伤、承受汽车质量、缓和振动冲击、规范包容内胎、与地面产生附着等,因此外胎应具有较高的强度和一定的弹性,用抗磨损的合成橡胶制成。外胎的构造包括胎面、胎侧、胎体、胎圈,外胎的具体结构如图 14-2 所示。

1)胎面

胎面包括胎冠和胎肩两部分。

胎冠:轮胎滚动时与路面接触的部位称为胎冠,它是轮胎的主要工作部分,直接承受汽车行驶时产生的冲击和磨损。胎冠上面刻有各种花纹,轮胎花纹能够增加轮胎与路面的附着力,防止轮胎滑移,降低滚动阻力,提高轮胎耐久性。

在湿滑积水路面行驶时,胎冠花纹起到排水作用,以增大行驶安全性。胎冠的花纹设计能排掉轮胎和路面之间的水。排水作用在湿滑路面提供足够的加速性能、制动性能和转向操纵性能,同时排水功能和轮胎的气压也有直接关系。气压过低(轮胎胎冠的两侧与路面接触,胎冠呈杯状,中部悬空),排水性差。所以,适当加大轮胎的气压可以增大其排水性,进而改善加速性能、制动性能和转向操纵性能。

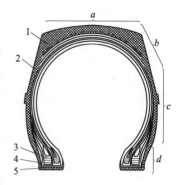

图 14-2　外胎的结构

a-胎冠;b-胎肩;c-胎侧;d-胎圈;1-缓冲层;2-帘布层;3-钢丝圈;4-帘布层包边;5-胎圈包边

胎肩:胎冠与胎侧过渡部分为胎肩。在胎肩处也有花纹,以利于防滑和散热。

2)胎侧

胎侧为胎体帘布层侧壁上的薄橡胶层,它的作用是包裹并保护轮胎侧面的帘布层免受损伤。胎侧不与地面接触且受力不大,因而其厚度较小。但在轮胎滚动时,由于接地部位不断变换,导致胎侧部位不断产生拱曲变形,因此胎侧的抗疲劳强度要好。胎侧的外表面上标识着轮胎的规格型号等各种数据。

3)胎体

胎体位于外胎的内侧,它是外胎的骨架,由帘布层和缓冲层组成。其作用是承受负荷,保持轮胎外形。

帘布层:帘布层由若干层帘线用橡胶粘合而成。轮胎帘线常用的材料有棉线、尼龙线、人造丝线、钢丝等。帘线层数越多,轮胎强度就越大,但轮胎的弹性就越小。帘线与胎面中心线呈垂直排列的即为子午线轮胎,与斜交线轮胎相比,子午线轮胎的滚动阻力小,承载能力强,因而得到广泛应用。

缓冲层:又称"带束层",位于胎冠与帘布层之间,用橡胶片和多层挂胶帘布制成,因而弹性很大,可以有效防止出现刚性断层,吸收来自路面的局部变形与冲击。它既要完成半径方向压缩任务,又要起到保持圆周方向的刚性为目的的环箍作用,"带束层"的名称即由此而来。尤其是子午线轮胎,由于胎体帘线向着半径的方向,所以圆周方向的强度就较小,不用带束层箍紧,就不能制作成扁平率小的轮胎。

带束层还能阻止帘线层移动,保证胎冠的稳定性,阻止其变形,从而提高轮胎的耐磨性,减少行驶中热量的产生。

高速轮胎通常用尼龙无接头带束覆盖层,它在受热后收缩,将轮胎拢住,降低了轮胎破裂的危险,提高了轮胎的使用寿命,改善了稳定性和操纵性。

4)胎圈

轮胎和轮辋相接触部位为胎圈,又称胎缘,负责轮胎和轮辋之间的密封。胎圈包括帘布层包边、钢丝圈和胎圈包布3部分,由镀铜的钢丝线或经过防锈处理的电镀钢丝组成,埋入与轮辋接触的内圆上,外面包着帘线层。在胎圈上设计有气密层,以保证轮胎与轮辋的气密性。拆卸子午线轮胎时,不要在轮胎与轮辋之间使用撬棍,以免损坏胎圈。

2. 内胎

内胎是一个充气的环形橡胶管,充入的压缩空气可起到缓冲和承载作用,内胎必须具有良好的弹性和气密性。内胎上装有气门嘴,供轮胎充气、放气用。

3. 垫带

垫带置于内胎与轮辋之间,是一个环形胶带,表面光滑,边缘较薄,其作用是防止内胎被轮辋及胎圈擦伤或磨损,且防止水和尘土等侵入胎内。垫带上留有让气门嘴通过的小孔。

第二节 汽车轮胎的类型

根据不同的分类方法,汽车轮胎可分为多种不同类型。

按用途分,汽车轮胎可分为载货汽车轮胎和轿车轮胎,载货汽车轮胎又根据适用车型不同分为重型载货汽车轮胎、中型载货汽车轮胎和轻型载货汽车轮胎。

按胎体结构分,汽车轮胎可分为实心轮胎和充气轮胎,现代汽车绝大多数采用充气轮胎。

一、按轮胎气压分类

汽车轮胎按充气压力大小,可分为高压胎、低压胎和超低压胎。现代汽车几乎全采用低压胎。

1. 高压胎

充气压力在 0.5~0.7MPa 的轮胎为高压胎。高压胎的滚动阻力小,油耗低,但其缓冲性能差,与路面附着能力也差,已很少使用。

2. 低压胎

充气压力在 0.15~0.45MPa 的轮胎为低压胎。低压胎由于具有断面宽、弹性好、与地面接触面积大、壁薄且散热性能好等一系列优点,被广泛采用,是目前应用最广的轮胎。

3. 超低压胎

充气压力在 0.15MPa 以下的轮胎为超低压胎。超低压胎的断面更宽,接地面积更大,因此其通过性能好,比较适合用于越野汽车和少数特种汽车上。

二、按轮胎花纹分类

按轮胎花纹不同,汽车轮胎可分为普通花纹轮胎、越野花纹轮胎和混合花纹轮胎。

1. 普通花纹轮胎

普通花纹的特点是花纹细而浅,花纹块接地面积大,接触压力小,因而耐磨性和附着性较好,适用于较好的硬路面。这种花纹的轮胎适用于主要在城市道路行驶的车辆,目前一般轿车基本上以普通花纹轮胎为主。

2. 越野花纹轮胎

越野花纹的共同特点是花纹沟槽宽而深,花纹块接地面积比较小,在松软路面上行驶时,一部分土壤将嵌入花纹沟槽之中,必须将嵌入花纹沟槽的这一部分土壤剪切之后,轮胎才有可能出现打滑,因此,越野花纹的抓地能力强。越野花纹轮胎适合于在崎岖不平的道路、松软土路和无路地区使用。由于花纹块与地面的接触压力大,滚动阻力大,故不适合在良好硬路面上长时间行驶,否则,将加重轮胎磨损,增加燃油消耗,汽车行驶振动也比较强烈。

3. 混合花纹轮胎

混合花纹是普通花纹和越野花纹之间的一种过渡性花纹。其特点是胎面中部具有方向各异或以纵向为主的窄花纹沟槽,而在两侧则以方向各异或以横向为主的宽花纹沟槽。这样的花纹搭配使混合花纹的综合性能好,适应能力强。它既适应于良好的硬路面,也适应于碎石路面、雪泥路面和松软路面,附着性能优于普通花纹,但耐磨性能稍逊。目前,一些货车和四轮驱动的乘用车多使用这种类型的花纹轮胎。

三、按轮胎组成结构分类

按轮胎组成结构不同,汽车轮胎可分为有内胎轮胎和无内胎轮胎。

1. 有内胎轮胎

有内胎轮胎由外胎、内胎、垫带组成,在第一节已讲述,这里就不再赘述了。

2. 无内胎轮胎

无内胎轮胎俗称"原子胎"或"真空胎",这种轮胎没有内胎和垫带,只有外胎,外胎兼起内胎的作用,是利用胎圈的橡胶密封层来保证轮胎与轮辋间良好的贴合作用来防止漏气的。在轮胎的内壁上用硫化的方法黏附了一层为 2~3mm 的橡胶密封层,其作用是在轮胎被扎破后只要不将刺穿物拔下,由于该橡胶密封层的收紧作用,轮胎不会急剧漏气,而是缓慢漏气甚至不漏气。

与有内胎轮胎相比,无内胎轮胎的主要优点是:

(1)安全性好。有内胎轮胎在车辆行驶时,由于内胎与外胎之间的摩擦,会产生大量的热,且散热不充分,夏天高速行车时易导致爆胎。无内胎轮胎由于没有内胎,因而不存在内、外胎之间的摩擦,并且可以通过轮辋直接散热,散热性能好,可以大大降低爆胎的概率。且有内胎轮胎在被刺扎后漏气很快,而无内胎轮胎被刺扎后漏气缓慢。

(2)经济性好。无内胎轮胎没有内胎,结构合理,轮胎质量轻,滚动阻力较小。试验表明,无内胎轮胎的滚动阻力比有内胎轮胎可降低近 10%,节省燃油 2%~3%。无内胎轮胎由于其接地压力比较均匀,轮胎磨损均匀,因而延长了轮胎的使用寿命。

(3)环保性好。无内胎轮胎接地面积大且压力均匀,可以减少轮胎对地面的破坏;滚动阻力小,可减少车辆的尾气排放。无内胎轮胎无需内胎和垫带,减少了生产、运输资源的消耗。无内胎轮胎的使用寿命长,减少了因大量废弃和处理轮胎对环境造成的污染。

(4)舒适性好。无内胎轮胎为优质橡胶制造,弹性好,柔性强,即使胎压很高也没有普通车胎那种发硬的感觉,因而舒适性较好。

(5)结构简单。由于省去了内胎和垫带,简化了生产工艺,结构简单,拆装容易,减少了人力成本和维修费用。

由于具有一系列明显的优势,近年来生产的轿车几乎已经全部采用了子午线无内胎轮胎。

无内胎轮胎在使用时必须保持规定的气压,这一点非常重要。因为无内胎轮胎的密封性是靠充气后胎圈与轮辋的箍紧作用来保证的,如果充不到规定气压,就有可能因没有完全箍紧而漏气。特别是新胎在第一次充气时,最好先充到稍超过规定气压,然后再放出一部分到规定气压,这样轮胎就不会出现慢漏气现象了。

四、按轮胎帘线排列方向分类

汽车轮胎按胎体帘线排列方向不同,还可分为普通斜交轮胎和子午线轮胎。

1. 普通斜交轮胎

普通斜交轮胎的帘布层和缓冲层各相邻帘线层为交叉排列,且与胎面中心线的交角均小于90°,如图14-3所示。由于帘布层的斜交排列,斜交轮胎的胎面和胎侧的强度较大。但斜交轮胎的胎侧刚度较大,因此轮胎的减振作用小,导致乘坐舒适性差。由于高速时帘布层间移动与摩擦大,发热量大,夏天高速行驶易爆胎,因此并不适合高速行驶。普通斜交轮胎正在逐渐被子午线轮胎所淘汰。

2. 子午线轮胎

子午线轮胎的帘布层与胎面中心线呈90°角或接近90°角排列,与帘布层轮胎的子午断面一致,很像地球上的子午线,所以称为子午线轮胎,如图14-4所示。由于帘布层的这种排列特点,使子午线轮胎帘布层数比普通斜交轮胎可减少40%~50%。但子午线轮胎的帘线在圆周方向上只靠橡胶连接,为了承受行驶时产生的较大切向力,提高轮胎的刚性,子午线轮胎上还具有若干层帘线与子午断面呈较大角度(夹

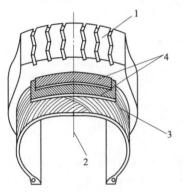

图14-3 普通斜交轮胎
1-胎面;2-轮胎断面中心线;3-帘布层;4-缓冲层

角为70°~75°)、强度较高、不易拉伸的周向环行的带束层。带束层一般用强度高、伸张小的纤维织物帘布或钢丝帘布制造,依靠带束层的紧箍作用,保持轮胎的外形尺寸,承受内压引起的负荷及滚动时所受的冲击力。

由于子午线轮胎的胎体和带束层帘线是交叉于三个方向,这样就形成了胎密实的三角形网状结构,因而也就阻止胎面向周向和横向伸张与压缩,大大提高了胎面刚性,从而减少了胎面与路面的滑移现象,提高了胎面耐磨性。子午线轮胎胎壁比斜交轮胎软,在径向上容易变形,可以增加轮胎的接地面积。

现在汽车上所用的轮胎基本上都是子午线轮胎,它具有以下优点。

1) 缓冲性能好

子午线轮胎的帘线与轮胎的中心线成直角径向半圆形排列,就像地球的子午线,故称子午线轮胎。子午线轮胎的设计使帘线的刚度得到充分的释放。通常子午线轮胎只需斜交轮

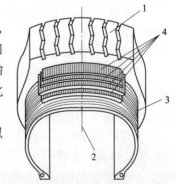

图14-4 子午线轮胎
1-胎面;2-轮胎断面中心线;3-帘布层;4-带束层

胎一半的帘线层就可获得同样的刚度。而轮胎的帘线层越少汽车行驶的平稳性就越好。

子午线轮胎的帘线不仅少而且不交叉,无切面应力,胎冠较软,胎侧薄,气压低,能很好地吸收和缓冲不平路面的冲击,保证汽车行驶的平稳性。

2）滚动阻力小

由于子午线轮胎帘布层数少,行驶温度低,散热快,又因周向变形小,故滚动阻力比普通斜交轮胎小15%～20%,滑行距离多25%左右,因此,使用子午线轮胎不但可提高汽车的行驶速度,还可提高汽车燃油经济性（节油率可达5%～10%）。

3）附着性能好

子午线轮胎的扁平率小,胎冠较宽,胎体弹性好,接地面积大,提高了轮胎与路面的附着力,保证了汽车的抗侧滑能力,使汽车的加速性能、制动性能都有明显提高。

4）承载能力大

由于子午线轮胎帘线排列与轮胎主要的变形方向一致,因而使帘线强度得到充分有效的利用,故比普通斜交轮胎承载能力高10%以上。

5）安全性能好

子午线轮胎接路面积大,附着性好,胎面滑移小,对路面单位压力小,滚动阻力小,使用寿命长。子午线轮胎的胎压低,没有内胎,没有内外胎的摩擦,行驶中轮胎的温度低于斜交轮胎,使爆胎的概率明显低于斜交轮胎。

斜交轮胎一旦被扎破,轮胎就会很快泄气。驾驶人瞬间处理不当,很容易翻车。子午线轮胎内壁上有一层没有硫化的橡胶（白黏层）,若扎了钉子,白黏层会粘住钉子,使放气的速度明显降低,驾驶人有充足的时间进行处理。

6）使用寿命长

由于子午线轮胎胎面与胎体帘布层之间具有刚性较大的带束层,因此轮胎在路面上滚动时,周向变形小,相对滑移小。又因轮胎体的径向弹性大,使轮胎接地面积增大,压强减小,故胎面耐磨性强,行驶里程可比普通斜交轮胎多30%。通常斜交轮胎的寿命通常为8万～10万km,子午线轮胎为10万～15万km。

子午线轮胎也存在胎侧容易裂口、胎圈容易损坏、侧向稳定性较差等缺点。

此外,有个别轿车使用了"零压轮胎",也就是俗称的"防爆轮胎",又称"安全轮胎"或"泄气保用轮胎"。泄气保用轮胎内有一个塑料的"笼",在轮胎漏气的情况下,仍可保持轮胎的形状,胎圈也能一直固定在轮辋上,从而确保车辆能稳定行驶至维修站。因此,装有这种轮胎的汽车也就不再需要携带备胎。

第三节　轮胎规格与表示方法

一、基本术语

1. 轮胎的主要尺寸

轮胎的主要尺寸包括轮胎外径 D、轮胎内径 d、轮胎断面高度 H、轮胎断面宽度 B、负荷下静力半径、轮胎滚动半径等,如图14-5所示。

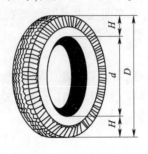
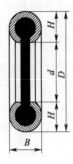

图14-5 轮胎主要尺寸

1)轮胎外径 D

轮胎外径是指轮胎按规定压力充足气后,在无任何负荷状态下胎面最外表的直径。

2)轮胎内径 d

轮胎内径是指轮胎按规定压力充足气后,在无任何负荷状态下轮胎内圈的直径。轮胎内径一般与配用轮辋的名义直径一致。

3)轮胎断面高度 H

轮胎断面高度是指轮胎按规定压力充足气后,轮胎外径与轮胎内径之差的一半。即:

$$H = \frac{D-d}{2}$$

4)轮胎断面宽度 B

轮胎断面宽度是指轮胎按规定压力充足气后,轮胎外侧面间的距离。

5)负荷下静力半径

负荷下静力半径是指轮胎在静止状态下只承受法向负荷作用时,由轮轴中心到支撑平面的垂直距离。

6)轮胎滚动半径

轮胎滚动半径是指车轮旋转圈数与车轮移动距离的折算半径。计算公式为:

$$R = \frac{S}{2\pi n_w}$$

式中:r——轮胎滚动半径,mm;

S——车轮移动的距离,mm;

n_w——车轮旋转的圈数。

2. 高宽比

轮胎的高宽比又称"扁平率",是指轮胎断面高度 H 与轮胎断面宽度 B 的比值,以百分数形式表示,即 $H/B(\%)$。

轮胎通常根据扁平率划分系列。目前汽车轮胎常见扁平率为80、75、70、65、60、55、50、45等,相对应的轮胎系列分别为80系列、75系列、70系列、65系列、60系列、55系列、50系列、45系列等。

轮胎发展的方向是扁平率越来越小,即扁平化。轮胎的扁平率小,说明轮胎的断面高度小,断面宽度大,因而在相同承载能力下,宽断面轮胎较普通轮胎的直径减小,从而可降低整车质心,提高汽车的行驶稳定性。此外,宽断面轮胎还有接地面积大、接地比压小、磨损小、滚动阻力小、抗侧倾稳定性强等优点,因此宽断面轮胎在高速轿车上得到了广泛的应用。

3. 轮胎最高速度

轮胎最高速度是指在规定的路面级别、轮辋名义直径等条件下,持续行驶最长时间内(为1h),允许使用的最高速度。

随着现代科技的不断发展,汽车速度在不断提高,为了使轮胎的速度性能与汽车最高速度相匹配,一般需标注轮胎的速度级别,以便能根据最高设计车速正确配装汽车轮胎。表14-1所列为轮胎速度级别的表示符号和允许的最高行驶速度。

轮胎速度级别符号与最高行驶速度　　　　　　　　　　表14-1

轮胎速度符号	最高行驶速度(km/h)	轮胎速度符号	最高行驶速度(km/h)
A1	5	K	110
A2	10	L	120
A3	15	M	130
A4	20	N	140
A5	25	P	150
A6	30	Q	160
A7	35	R	170
A8	40	S	180
B	50	T	190
C	60	U	200
D	65	H	210
E	70	V	240
F	80	W	270
G	90	Y	300
J	100	—	—

注:对于轿车轮胎,表中所列的速度值是指不允许超过的最高速度;而对于货车轮胎,它是指随负荷降低可以超过的参考速度。

对轿车轮胎来说,在限定最高行驶速度的前提下,如选用不同名义直径的轮辋,则轮胎速度级别符号所表示的最高行驶速度也不同,见表14-2。而对货车轮胎来说,随着车速的降低,轮胎负荷可以适当增加,具体增加范围见表14-3。

不同轮辋名义直径的轿车轮胎最高行驶速度(摘录)　　　　　　表14-2

轮胎速度符号	轮胎最高行驶速度(km/h)		
	轮辋名义直径10in	轮辋名义直径12in	轮辋名义直径≥13in
P	120	135	150
Q	135	145	160
S	150	165	180
T	165	175	190
H	—	195	210

轮胎行驶速度与负荷变化对应表　　　　表 14-3

速度(km/h)	负荷变化率(%)			
	微型、轻型载货汽车轮胎		载货汽车轮胎	
	斜交轮胎	子午线轮胎	斜交轮胎	子午线轮胎
40	+15.0	+25.0	+12.5	+15.0
50	+12.5	+20.0	+10.0	+12.0
60	+10.0	+15.0	+7.5	+10.0
70	+7.5	+12.5	+5.0	+7.0
80	+5.0	+10.0	+2.5	+4.0
90	+2.5	+7.5	0	+2.0
100	0	+5.0	0	0
110	0	+2.5	0	0
≥120	0	0	0	0

注：表中的负荷变化是相对于轮胎规格、尺寸、气压与负荷表中规定的负荷能力增加的。

4. 层级

层级是表示轮胎承载能力的相对指数，用 PR(Ply Rating 的简写)表示，主要用于区别尺寸相同但结构和承载能力不同的轮胎。轮胎的层级数并不代表轮胎帘布层的实际层数，而是表示载质量与棉帘线相当的棉帘线的层数。如 9.00R20-14PR 的全钢子午线轮胎，其实际胎体钢丝帘线只有一层，但它的载质量却相当于 14 层棉帘线的 9.00-20 斜交轮胎，所以它的层级数为 14PR。

5. 负荷指数

轮胎负荷指数是指在规定条件下，轮胎负荷能力的数值表达。目前轮胎负荷指数从 0~279，共有 280 个，见表 14-4。

轮胎负荷指数与负荷能力的对应关系(摘录)　　　　表 14-4

指数	71	72	73	74	75	76	77	78	79	80
负荷(kg)	345	355	356	375	387	400	412	425	437	450
指数	81	82	83	84	85	86	87	88	89	90
负荷(kg)	462	475	487	500	515	530	545	560	580	600
指数	91	92	93	94	95	96	97	98	99	100
负荷(kg)	615	630	650	670	690	710	730	750	775	800
指数	101	102	103	104	105	106	107	108	109	110
负荷(kg)	825	850	875	900	925	950	975	1000	1030	1060
指数	111	112	113	114	115	116	117	118	119	120
负荷(kg)	1090	1120	1150	1180	1215	1250	1285	1320	1360	1400
指数	121	122	123	124	125	126	127	128	129	130
负荷(kg)	1450	1500	1550	1600	1650	1700	1750	1800	1850	1900
指数	131	132	133	134	135	136	137	138	139	140
负荷(kg)	1950	2000	2060	2120	2180	2240	2300	2360	2430	2500

二、轮胎规格及其表示方法

我国轮胎现执行的标准为《轿车轮胎》(GB 9743—2007)《轿车轮胎规格、尺寸、气压与负荷》(GB/T 2778—2008)《载货汽车轮胎》(GB 9744—2007)及《载货汽车轮胎规格、尺寸、气压与负荷》(GB/T 2977—2008)等。标准规定了我国汽车轮胎规格表示方法,以轿车子午线轮胎为例,其轮胎规格表示方法如下:

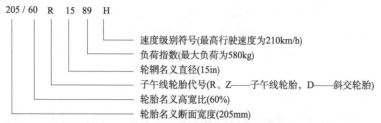

轮胎规格的各种参数都标志在轮胎侧面,除标注以上内容外,还标注有:

(1)负荷及气压:一般标示最大负荷(kg)及相应胎压(kPa)。最大负荷就是指轮胎最大载质量(MAX. LOAD)。

(2)生产日期(DOT):如2316表示生产时间为2016年第23周。

(3)层级:是指轮胎帘布层的公称层数,与实际帘布层数不完全一致,是按强度计算的帘布层数,是轮胎强度的重要指标。如"14P. R"即14层级。

(4)帘线材料:一般标在层级之后,有的标在规格之后,用汉语拼音的第一个字母表示,如9.00-20N、7.50-20G等。N表示尼龙、G表示钢丝、M表示棉线、R表示人造丝。

(5)生产批号:用一组数字及字母表示轮胎的制造年月及数量。如"98N08B5820"表示1998年8月B组生产的第5820只轮胎。生产批号用于识别轮胎的新旧程度及存放时间。

(6)平衡标志:用彩色橡胶制成标记形状,印在胎侧,表示轮胎此处最轻,组装时应正对气门嘴,以保证整个轮胎的平衡性。

(7)滚动方向:在越野轮胎上用箭头标明轮胎滚动的方向,不能装错,否则其防滑、排水能力将大大下降。

(8)磨损极限标志:轮胎花纹沟槽处用橡胶条或块标示轮胎的磨损极限,一旦轮胎磨损达到这一标志位置应及时更换。

(9)生产企业厂名及商标:是轮胎生产厂家的标志,包括生产企业名称、商标文字及图案,一般比较突出和醒目。

(10)其他标记:如产品等级、生产许可证号及其他附属标志。可作为选用时参考资料和信息。

第四节 轮胎选择、使用与换位

一、轮胎的选择

轮胎是汽车主要部件之一,它的选用正确对汽车性能有直接影响。应尽量按照汽车生产厂家推荐的品牌和型号选择轮胎,当然也可自主选择。选择轮胎时应针对具体汽车的性能要求和使用特点综合考虑,不能只考虑单一因素,主要从以下几方面考虑。

1. 轮胎类别

轮胎类别主要有乘用轮胎、商用轮胎、非公路用轮胎、特种轮胎等,乘用轮胎主要适于轿车及各类轻型客、货车使用;商用轮胎主要适于货车、大客车等车辆使用;非公路用轮胎主要适于松软路面上行驶的越野车等使用;特种轮胎仅用于特种车辆或特殊环境。

轮胎类型主要依据汽车类型和行驶条件来选择,货车普遍采用高强度尼龙帘布轮胎,以提高轮胎的承载能力;越野车宜选用胎面宽、直径较大的超低压胎;轿车则宜采用直径较小的宽轮辋低压胎,以提高行驶稳定性。由于子午线轮胎的优点很明显,故应优先选择子午线轮胎。

2. 胎面花纹

轮胎胎面花纹对轮胎的滚动阻力、附着能力、耐磨能力及行驶噪声等都有显著的影响。轮胎花纹的形式、品种较多,选用原则是:根据轮胎类型和车辆长期使用路况决定花纹形式,根据季节、天气适时调整或换用。长期高速行驶、良好路面行驶的汽车宜采用普通花纹轮胎,不然会因过分生热引起早期损坏。主要在低速、坏路行驶的汽车应采用越野花纹轮胎,可提高汽车通过性。

3. 胎体结构

子午线结构因比普通斜交结构具有较多的优良特性,受到普遍推荐。但斜交结构由于技术成熟、造价低廉,其在商用车辆轮胎中仍占很大比例。子午线结构的发展趋势是低断面化和无内胎化,因此新车型大多采用子午线轮胎。

4. 轮胎材质

轮胎材质包括橡胶材质和帘线材料。橡胶材质的成分构成因生产厂家的设备水平和技术能力不同而有差异,这也使得轮胎的品质有一定差别。帘线材料中钢丝帘线强度大,但生产技术难度大,成本高;尼龙、人造丝等材料来源充足,使用较广。

5. 轮胎规格与使用气压

选择轮胎时,在满足轴荷要求的前提下,轮胎规格应小型化、轻量化;在满足承载要求的情况下,轮胎使用气压宜低不宜高。虽然轮胎规格大、使用气压高其承载能力就强,但采用大规格的轮胎会增加使用成本,而且高胎压会降低汽车的附着力和缓冲性能。因此,汽车轮胎的规格与气压应适当。

6. 轮胎的速度特性

子午线轮胎、无内胎轮胎、扁平化轮胎由于具有发热少、散热快等特点,在速度特性方面有明显优势,是理想的选择对象。但高速度级别轮胎价格昂贵,且用于低速车辆上也无明显优点。因此,轮胎速度能力选择主要应与车辆设计车速相适应。

二、轮胎的使用

轮胎合理使用的目的是降低轮胎的磨损速度,防止出现早期不正常损坏,以延长轮胎的使用寿命,从而保证行车安全和节约费用。

轮胎的合理使用主要包括:保持气压正常,防止轮胎超载,掌握行车速度,控制轮胎温度,合理搭配轮胎,精心驾驶车辆,加强轮胎维护,保持车况完好,及时送厂翻修,正确装运与保管,建立轮胎早起损坏类型档案等。

1. 严格限制车速

汽车行驶速度越快,轮胎在单位时间内与地面的接触次数就越多,摩擦也越频繁,使轮胎的变形频率增加,这时胎体周向和侧向产生的扭曲变形也随之加大。当速度达到临界速度时,胎冠表面的振动出现了波浪变形,形成静止波。这种静止波能在其产生几分钟后导致轮胎爆破,这是由于轮胎变形来不及复原所造成的滞后损失,而它的大小与负荷作用的时间有关。高速行驶时大部分动能被吸收转变成热量,使轮胎温度升高,橡胶加速老化,帘布层的耐疲劳强度降低,最终造成轮胎爆破。因此,限制行车速度是非常重要的。

2. 保持正常胎压

胎压低于规定值时,胎体变形会增大,导致过度生热,促使橡胶老化,胎侧容易出现裂口,帘布层也会因疲劳而易折断,当遇有障碍受到冲击时,极易爆破。气压过低,还会使轮胎接地面积增大,加速胎肩磨损,轮胎的滚动阻力也会加大,增加燃油消耗。

胎压高于规定值时,轮胎接地面积减小,加速胎冠中部磨损,还会使轮胎帘线受到过度的伸张变形,胎体弹性下降。因此,轮胎使用中应保持正常的气压,轮胎气压过低或过高,都将加速轮胎的损坏。

保持轮胎气压正常,除按相关规定充气外,还要在使用过程中经常检查。轮胎气压的检查用轮胎气压表,且必须在汽车行驶之前检查。

3. 防止轮胎超载

生产厂家对每种轮胎都规定了最大载质量,在使用时要严格按照规定装载。轮胎一旦超载,就容易造成帘线断裂、松散和帘布脱层,并增加胎肩的磨损。若受到冲击,还有可能引起爆胎。

若装载货物的重心靠前,则易造成前轮轮胎超载,导致前轮轮胎磨损加剧,同时还会使转向盘操作困难,影响行车安全;若装载货物的重心靠后,则易造成后轮轮胎超载,导致后轮轮胎磨损加剧,同时,由于前轮负荷较小,也易使转向盘失去控制,造成行车事故;若装载货物的重心偏向一侧,则易造成这一侧的轮胎超载。为保证汽车装载均衡,要使用正确的装载方法,并将货物固定牢固,避免在汽车运行过程中发生移位。

4. 控制轮胎温度

轮胎温度过高,将使橡胶老化加速,物理性能降低,易产生龟裂、帘布脱层等现象,同时还会导致胎压升高,夏天长时间高速行驶易爆胎。

导致轮胎温度升高的主要因素有天气炎热、行车速度快、载荷大、运距长、道路条件恶劣等,当轮胎温度过高时,应及时停车休息散热,决不能采取放气降压或轮胎淋水后继续行车的错误做法。放气降压不仅不会降低轮胎温度,反而会因胎压降低,变形增大,而使轮胎温度继续升高,形成恶性循环;若泼水降温,轮胎会因突然冷却造成胎面和胎侧胶层各部分收缩不均匀而发生裂纹,缩短轮胎使用寿命。正确的方法是将汽车停在阴凉处降温。

5. 合理搭配轮胎

在同一辆车上应该选用规格、结构、层级和花纹等完全相同的轮胎。至少在同一轴上,必须装用规格、结构、层级和花纹完全相同的轮胎。否则,工作不协调、相互影响,会加速轮胎磨损,缩短使用寿命。

当轮胎磨损到一定程度需要换新胎时,最好是整车更换或同轴更换。如果条件不允许,可将新胎或质量较好的轮胎装在转向轮上,把旧胎或翻新胎装在其他车轮上,以最大限度地保证行车安全。

禁止将子午线轮胎与普通斜交轮胎混装在同一辆汽车上。有向花纹轮胎,必须按照规定的滚动方向安装,人字花纹要安装成人字尖在滚动时先着地,这样可使花纹嵌入地面的能力强,与地面的附着力大,提高汽车的通过性和牵引性。

轮胎还应按规定的型号规格与轮辋配套。不同型号规格的轮辋,即使直径相同,其轮辋宽度和凸缘高度也往往不同。窄胎装宽轮辋,或宽胎装窄轮辋,都会造成轮胎的早期损坏。

6. 精心驾驶车辆

在驾驶技术方面,为减少轮胎磨损,应掌握起步平稳、直线前进、中速行驶、少用制动、减速转弯、选择路面等操作要领。

1) 起步平稳

在汽车起步过程中,车轮由静止状态突然转动,轮胎与路面要发生剧烈摩擦,会加剧胎冠磨损。因此无论空车、重车,都要用低速挡起步,缓抬离合器踏板,轻踩加速踏板,使车轮平稳转动。汽车起步不可过猛,无论空、重车都应低速平稳起步。避免轮胎与地面滑转,以减少胎面磨耗。

2) 直线前进

在良好路面上行驶,应保持直线前进,除会车和避让障碍物外,不要左右摇摆和急剧转向,以防轮胎和轮辋之间产生横向的切割损伤轮胎,同时减少轮胎与地面的磨损。

3) 少用制动

在保证安全的前提下,尽量少用制动器,特别是要尽量避免紧急制动。紧急制动时,车轮在地面滑拖,轮胎局部与路面产生剧烈摩擦,会因过热而造成强烈磨损。有试验表明,一次紧急制动拖行,可磨去花纹 0.9mm,相当于正常行驶 4000km 的磨损量,另外,制动拖行还将造成胎面的不均匀磨损。

在复杂情况下行车时,要降低行车速度;在良好路况行车时,尽量采用预见性制动,即提前自然减速;车辆下长坡时应根据坡度大小、长度和道路情况,适当控制车速。在坡长、路陡、路况复杂的情况下,应挂挡行驶,主要利用发动机制动,辅助以轻微的行车制动控制车速下坡,这样不但可以避免紧急制动,减少轮胎磨损,而且对安全行车也有保障。

4) 中速行驶

高速行驶使胎体受力增加,轮胎变形频率加快,导致轮胎工作温度和气压上升,容易加速帘布老化和帘线疲劳,大大缩短轮胎寿命。有试验表明,轮胎以 100km/h 速度行驶的寿命仅为 60km/h 速度时的 30%,由此可见控制行车速度的必要性。

5) 减速转弯

转弯时应根据弯道情况提前控制车速,不要高速转弯,否则汽车会产生较大的离心力,除加大轮胎的侧向滑移外,还会使车载货物倾斜,质心偏移一侧,使得单边轮胎超载拖曳,加速磨损。

6) 选择路面

路面的种类及状况对轮胎使用寿命的影响很大,驾驶人应根据道路条件选择路面,掌握适当的行车速度,尽量选择良好道路行驶,驾驶人应用心观察,尽量躲避路面上可能扎破和划伤轮胎的锋利石头、玻璃、金属和可能腐蚀轮胎的化学遗洒物、油渍等。尽量不靠近道边石和人行道边行驶,以免刮伤胎侧。行驶在拱度较大的路面时,要尽量居中行驶,减少一侧轮胎负荷增大而使轮胎磨损不均。

车辆在平整、宽敞且视野良好的道路上行驶,如高速公路、国道线和省道线等,可根据车辆本身的技术条件和轮胎的性能适当提高车速,但也不宜过高,否则影响行车安全,降低轮胎的使用寿命。在不平整的碎石路和矿区路上行驶,由于尖石裸露或路边石块锐利,极易损坏轮胎,应注意选择路面并在较低车速下行驶,防止爆胎。

7. 加强轮胎维护

轮胎的维护与汽车维护分级相同,分为日常维护、一级维护和二级维护,其维护周期也与汽车规定的维护周期相同。

轮胎的日常维护包括出车前、行车中和收车后的检视。出车前的检视主要是检查轮胎气压是否符合规定,气门嘴是否漏气,气门帽是否齐全,轮胎螺母是否紧固,翼子板、挡泥板等有无碰擦轮胎现象,千斤顶、轮胎螺母套筒扳手等随车工具是否齐全等;行车中的检视主要是结合途中停车、装卸等机会检查轮胎气压和温度是否正常,轮胎螺母有无松动,翼子板、挡泥板等有无碰擦轮胎现象,轮胎花纹中是否夹石,胎面和胎侧有无不正常的磨损和损伤等;收车后的检视主要是检查轮胎有无漏气现象,轮胎花纹中是否夹石,轮胎螺母有无松动,车辆技术状况有无造成轮胎的不正常磨损等。

轮胎的一级维护作业包括紧固轮胎螺母,检查气门嘴是否漏气,气门帽是否齐全;挖出夹石和花纹中的石子、杂物;检查轮胎磨损情况,如有不正常磨损、变形等现象,应查明原因,并予以排除;检查轮胎搭配和轮辋、挡圈等是否正常;检查轮胎气压;检查轮胎有无与其他机件碰剐现象;如单边磨损严重,应进行一次轮胎换位。

轮胎的二级维护作业除执行一级维护的作业外,还包括:拆卸轮胎,按测量胎面花纹磨耗、周长及断面宽的变化;对轮胎进行解体检查,如发现故障,应予以排除;对解体轮胎进行装合、充气;对轮胎进行动平衡;对轮胎进行换位。

8. 严防发生爆胎

爆胎原因主要有:一是出行前未对车辆进行安全检查,胎侧胎冠带伤,车辆在高速行驶中发生爆胎;二是轮胎花纹磨损严重,未及时更换;三是在车辆行驶中轮胎受到外力剐蹭引发爆胎。爆胎一般发生在高温季节长时间高速行车情况下。

行驶途中如轮胎突然爆裂,不要惊慌,只要双手紧握转向盘,仍可控制汽车。在注意后面车辆的同时,缓慢制动并驶离主干道。爆胎后切勿紧急制动,以免因制动力不均而使车辆甩尾或翻车。如果是前轮爆胎,会严重影响驾驶人对转向盘的控制。遇到这种情形,应该尽可能轻踩制动踏板甚至不踩制动踏板,以免车头部分承受太大的压力,甚至导致轮胎脱离轮圈;还要用双手稳握转向盘,这样在汽车大幅度偏左或偏右行驶时,还可以立刻矫正。如果是后轮爆胎,汽车的尾部就会摇摆不定、颠簸不已。只要驾驶人保持镇定,以双手紧握转向盘,通常都可以使汽车保持直线行驶;此外,可以采用轻微点制动,这样可以把汽车的重心前移,使完好的前轮胎受力,减轻后轮所承受的压力。不管是前轮还是后轮爆胎,都严禁用力踩制动踏板。

给轮胎充氮气,是防止爆胎的一种重要措施。空气的压力受温度影响很大,而氮气的压力几乎不受温度的影响,因此,给轮胎充上氮气后,高速行车时轮胎温度上升很少,可有效防止爆胎,提高行驶安全性。此外,充氮气还能保持轮胎压力的持久稳定,还可以保护轮毂、防止慢撒气,降低轮胎噪声,提高乘坐舒适性,延长轮胎使用寿命。现在专业的轮胎店和较大的汽车服务企业都提供更换维护轮胎和充氮气服务。

三、轮胎的磨损

轮胎磨损主要是轮胎与地面间滑动产生的摩擦造成的。只要汽车行驶,轮胎就会有磨损,但在汽车起步、转弯及制动等情况下会造成轮胎更大的磨损。另外,轮胎的磨损还与汽车的行驶速度有关,行驶速度越快,轮胎磨损越严重。路面的质量也直接影响到轮胎磨损,路面较差时,轮胎与地面滑动加剧,轮胎的磨损加快。以上情况产生的轮胎磨损,基本上是均匀的,属正常磨损。若轮胎使用不当或前轮定位不准,将产生故障性不正常磨损,常见的不正常磨损有以下几种。

1. 胎冠磨损

造成胎冠部位异常早期磨损的主要原因是轮胎充气量过大。适当提高轮胎的充气量,可以减少轮胎的滚动阻力,节约燃油。但充气量过大时,不但影响轮胎的减振性能,还会使轮胎与地面的接触面积减小,正常磨损只能由胎面中央的胎冠中部来承担,形成此处的早期磨损。如果在窄轮辋上装用宽轮胎,也会造成胎冠中部早期磨损。

2. 胎肩磨损

造成胎肩磨损的主要原因是充气量不足,或长期超负荷行驶。充气量小或负荷重时,轮胎与地面的接触面大,使轮胎的两边(胎肩部分)与地面接触参加工作而形成早期磨损。

3. 轮胎偏磨

轮胎偏磨是指轮胎的一边磨损比较严重,其形成的主要原因是前轮定位失准。当前轮的外倾角过大时,轮胎的外边沿形成早期磨损;外倾角过小或没有外倾时,轮胎的内边沿形成早期磨损。

4. 胎面锯齿状磨损

主要原因是前轮定位调整不当或前悬架系统位置失常、球头松旷等,使正常滚动的车轮发生滑动或使车轮扭动行驶,形成轮胎锯齿状磨损。

5. 个别轮胎磨损

个别车轮的悬架系统失常、支承件弯曲或个别车轮不平衡都会造成其轮胎早期磨损。出现这种情况后,应检查磨损严重车轮的定位情况、独立悬架弹簧和减振器的工作情况,同时应缩短车轮换位周期。

6. 斑秃形磨损

在轮胎的个别部位出现斑秃性严重磨损的原因是轮胎平衡性差。当不平衡的车轮高速转动时,个别部位受力大,磨损加快;同时转向操纵性能变差。若在行驶中发现在某一个特定速度时方向有轻微抖动,说明车轮平衡已被打破,轮胎在路面上跳跃式附着,从而使轮胎出现斑秃形磨损,此时就应该及时对车轮进行平衡。

四、轮胎的换位

轿车基本上都是前轮驱动,前轮既负责转向又负责驱动,这样就导致前后轮胎的磨损程度不相同,而且,轮胎的磨损与车辆质量的分布也有关系。为了使轮胎磨损均匀,延长轮胎的使用寿命,必须定期实施轮胎换位。轮胎换位是对受负荷、驱动形式和道路条件的影响而使磨损部位和磨损程度不同的汽车各轮胎进行的位置调换,目的是避免同一条轮胎上的偏磨现象,使全车轮胎磨损均匀,进而延长轮胎的使用寿命。

对轿车而言,在轮胎换位时,若四条轮胎新旧一样且花纹无方向,可采用交叉换位:右前←→左后,左前←→右后。若四条轮胎新旧一样且花纹有方向,采用前后互换:右前←→右后;左前←→左后。若轮胎新旧不一,较新胎装前轮,较旧胎装后轮,左右互换。

轮胎换位应注意以下事项:

(1)轮胎能够进行换位的条件是全车轮胎具有相同的规格、结构和花纹。

(2)可根据具体情况选择换位方法,但一经选定,就不能再更改换位方法。

(3)子午线轮胎一般是每行驶1.2万~1.5万km进行一次换位,斜交轮胎一般是每行驶0.8万~1万km进行一次换位。但如发现有明显的偏磨,可提前进行。

(4)轮胎换位时,不能改变对花纹有方向性要求轮胎的旋转方向。

(5)轮胎换位后,应按所换位置的规定重新调整轮胎气压。

(6)轮胎换位后,应对所有车轮(重点是前轮)做一次动平衡;如果长期行驶于恶劣路面,或有吃胎现象,或有悬架受损情况等,最好做一下四轮定位。

五、轮胎使用注意事项

(1)汽车起步不可过猛,以减少车轮在地面上的打滑。因为车辆快速起步时,车轮产生的甚至肉眼都看不见的滑动就能加剧轮胎磨损。

(2)汽车在不良路况及复杂的道路上行驶时,应根据路面情况调整车速。在拱形路面上行驶时,应尽量保持汽车在道路中央行驶,避免轮胎单边受力。同时尽量避免紧急制动,以减缓轮胎磨损。

(3)夏季行车时,轮胎温度较高,不要放气降低气压,也不要用冷水浇泼,最好能在途中多休息几次,并以适当的速度行驶。夏季可充氮气,以使轮胎温升低,确保行车安全。

(4)行驶中,当感到车身有侧倾或转向盘经常被引向一侧的现象时,必须立即停车,检查轮胎气压。

(5)长途行驶的车辆,在休息时,应注意检查各个轮胎的气压,还应检查轮胎螺母有无松动,轮胎花纹中有无石子和杂物,轮胎是否过热等。

(6)驶越障碍物(如铁轨、石块等)时,要尽可能减低速度,谨慎地通过,以免刺伤轮胎。

(7)不要靠近路边石或人行道行驶,同时尽可能避免驶入较深的轮辙以免损伤胎侧。

(8)行驶中尽量避免车轮左右侧滑和急转向,以防轮胎与轮辋发生割切或轮胎爆裂。

(9)汽车通过横沟时,应稍微改变一下行驶方向,以使轮胎不垂直通过横沟,而形成一定角度,减轻振动。同时当后轮要通过时,应稍加大节气门,在后轮上产生附加牵引力,以减轻车身的垂直振动,降低轮胎的动负荷。

(10)汽车在严寒条件(特别是轮胎温度低于-30℃)下长时间停驶后再行驶时不可立即加速,应在最初一段时间内以较低的速度行驶,使轮胎温度上升后再提高行驶速度。

(11)在寒冷天气长时间停驶时,为防止轮胎被冻住,最好在轮胎下面垫木板或砂子等物。

(12)货物的装载一定要分布均衡,车辆不要超载,使负荷均匀地分布在各个轮胎上。

(13)当磨到磨损标记(防滑标记)处或花纹高度小于1.6mm时,轮胎应报废。

(14)轮胎应经常进行动、静平衡检查,以免高速时摆动、跳动而失去控制酿成交通事故。

(15)为确保行车安全,翻新胎不准作转向轮使用。

(16)经常检查轮胎螺母是否丢失或松动。定期检查前束和四轮定位。

(17)备一套轮胎修理工具,如撬胎棒、手锤、千斤顶、轮胎套筒扳手、气压表、补胎材料。

(18)建议轮胎的使用寿命为6万~8万km,即使行驶里程较少,但建议轮胎的使用寿命不要超过4~5年(原因是橡胶老化龟裂,行驶中易发生意外)。

1. 汽车轮胎的作用有哪些?
2. 汽车轮胎由哪些部分组成?
3. 汽车轮胎有哪些结构类型?各有何特点?
4. 无内胎轮胎有何优点?
5. 子午线轮胎有何优点?
6. 汽车轮胎的主要尺寸有哪些?
7. 汽车轮胎的主要参数有哪些?
8. 我国轮胎规格及表示方法是怎样的?
9. 选择轮胎时应考虑哪些因素?
10. 如何合理使用轮胎?
11. 轮胎的磨损类型有哪些?
12. 轿车轮胎如何换位?应注意哪些问题?
13. 使用轮胎有哪些注意事项?

参考文献

[1] 嵇伟,孙庆华.汽车运行材料[M].北京:人民交通出版社,2007.
[2] 孙凤英,强添纲.汽车运行材料[M].2版.北京:人民交通出版社,2012.
[3] 戴汝泉,郝晨声.汽车运行材料[M].2版.北京:机械工业出版社,2011.
[4] 刘淑芝,张红梅.汽车用油品知识400问[M].北京:化学工业出版社,2014.
[5] 崔选盟.汽车结构与拆装技术(上册)[M].北京:人民交通出版社,2013.
[6] 毛彩云,柯志鹏.汽车使用与维护[M].北京:人民交通出版社,2012.
[7] 李东光.汽车化学品配方与制备300例[M].北京:化学工业出版社,2014.
[8] 刘生全,李复活.醇醚燃料与汽车应用技术[M].北京:机械工业出版社,2015.
[9] 谢小鹏,梁望,王瑞州.汽车脂润滑概论[M].北京:清华大学出版社,2012.
[10] 崔选盟.汽车运用与维修[M].西安:西安电子科技大学出版社,2016.
[11] 中华人民共和国国家标准.GWKB1.1—2011 车用汽油有害物质控制标准[S].北京:中国环境科学出版社,2011.
[12] 中华人民共和国国家标准.GWKB1.2—2011 车用柴油有害物质控制标准[S].北京:中国环境科学出版社,2011.
[13] 中华人民共和国国家标准.GB 17930—2016 车用汽油[S].北京:中国标准出版社,2016.
[14] 中华人民共和国国家标准.GB 19147—2016 车用柴油[S].北京:中国标准出版社,2016.
[15] 中华人民共和国国家标准.GB 11121—2006 汽油机油[S].北京:中国标准出版社,2007.
[16] 中华人民共和国国家标准.GB 11122—2006 柴油机油[S].北京:中国标准出版社,2007.
[17] 中华人民共和国国家标准.GB 18351—2015 车用乙醇汽油(E10)[S].北京:中国标准出版社,2015.
[18] 中华人民共和国国家标准.GB/T 17477—2012 汽车齿轮润滑剂黏度分类[S].北京:中国标准出版社,2013.
[19] 中华人民共和国国家标准.GB/T 5671—2014 汽车通用锂基润滑脂[S].北京:中国标准出版社,2014.
[20] 中华人民共和国国家标准.GB/T 386—2010 柴油十六烷值测定法[S].北京:中国标准出版社,2011.
[21] 崔艳芹,刘学庆.汽车制动摩擦材料的性能要求及影响因素[J].材料导报,2014(S1):

413-416.

[22] 刘燕萍,谢炜,龙春光,等.新型汽车摩擦材料研究进展[J].中国功能材料及其应用学术会议,2010.

[23] 段亚萍.汽车刹车片用新型陶瓷基摩擦材料性能研究[J].中国非金属矿工业导刊,2016(2):24-25.

[24] 李兵,杨圣崟,曲波,等.汽车摩擦材料现状与发展趋势[J].材料导报,2012(S1)348-350.

[25] 洪桂香.汽车制动系统的陶瓷摩擦材料[J].汽车与配件,2015(2):62-64.

[26] 王志勇.汽车用摩擦材料的性能要求及影响因素[J].工程技术,2017(1):289.

[27] 马洪涛,张勇亭,杨军.汽车制动摩擦材料研究进展[J].现代制造技术与装备,2011(5):76-77.